期货投资者保护丛书

期海护航

期货交易者合法权益保护

中国期货业协会 | 编著

中国财经出版传媒集团
中国财政经济出版社

图书在版编目（CIP）数据

期海护航：期货交易者合法权益保护 / 中国期货业协会编著. --北京：中国财政经济出版社，2022.8
（期货投资者保护丛书）
ISBN 978-7-5223-1531-7

Ⅰ.①期…　Ⅱ.①中…　Ⅲ.①期货交易-金融法-研究-中国　Ⅳ.①D922.287.4

中国版本图书馆 CIP 数据核字（2022）第 111262 号

责任编辑：康婧琳　贾延平　　责任校对：徐艳丽
封面设计：田　晗　　责任印制：刘春年

期海护航——期货交易者合法权益保护
QIHAI HUHANG QIHUO JIAOYIZHE HEFA QUANYI BAOHU

中国财政经济出版社 出版
URL：http：//www.cfeph.cn
E-mail：cfeph@cfeph.cn

社址：北京市海淀区阜成路甲 28 号　邮政编码：100142
营销中心电话：010-88191522　编辑部门电话：010-88190957
天猫网店：中国财政经济出版社旗舰店
网址：https：//zgczjjcbs.tmall.com
北京时捷印刷有限公司印刷　各地新华书店经销
成品尺寸：170mm×240mm　16 开　13.25 印张　185 000 字
2022 年 8 月第 1 版　2022 年 8 月北京第 1 次印刷
定价：33.00 元
ISBN 978-7-5223-1531-7
（图书出现印装问题，本社负责调换，电话：010-88190548）
本社质量投诉电话：010-88190744

《期货投资者保护丛书》编委会

编委会主任：洪　磊

编委会委员：王明伟　张晓轩　陈东升　吴亚军

　　　　　　王　颖　冉　丽　孙明福

主　　编：洪　磊

执行编委：董文旭　刘方媛

编撰人员：赵雅楠

前　言

30多年来，我国期货市场规模稳步扩大，整体运行质量和效率不断提高，发现价格、管理风险、配置资源的功能得到发挥，在促进产业升级、助力脱贫攻坚和维护国家经济金融安全等方面发挥着越来越重要的作用。在此过程中，高度重视和切实做好投资者保护工作显得尤为重要。这不但涉及维护社会公平正义，关系广大投资者切身利益，也是推动期货市场创新发展的重要保障。

现阶段，中小投资者仍然是我国期货市场主要的参与群体，处于信息弱势地位，抗风险能力和自我保护能力较弱，合法权益容易受到侵害。与这一情况形成反差的是，期货交易是保证金交易、双向交易，并且实行当日无负债结算制度，具有专业性强和高风险、高收益的特点，在各方面都对投资者提出了很高的要求。投资者在参与期货交易时应当做好自我保护。

党中央、国务院高度重视资本市场投资者权益保护工作。习近平总书记强调，要形成融资功能完备、基础制度扎实、市场监管有效、投资者合法权益得到有效保护的多层次资本市场体系。目前，资本市场将保护投资者特别是中小投资者的合法权益作为工作的重中之重，已形成一套与市场情况相适应的投保制度体系。2013年，国务院办公厅发布《关于进一步加强资本市场中小投资者合法权益保护工作的意见》，这是首次在国务院层面构建了专门的投资者保护制度体系。2016年，中国证监会发布《证券期货投资者适当性管理办法》构建了证券期货市场统一的适当性管理体系。2016年、2018年，中国证监会与最高人民法院联合发布《关于全面推进证券期货纠纷多元化解机制建设的意见》，填补了证券期货市场诉调对接制度空白。中国期货业协会作为全国期货业自律性组织，在中国证监会的指导和统筹部署下，积极贯彻落实投保制度要求，开展投资者保护工作。

编写《期货投资者保护丛书》是贯彻落实投保制度的措施之一。该丛书分为上下两册，上册为期货基础知识，下册从入市、交易、维权等环节入手向投资者介绍保护与维权知识。该丛书定位明确、内容全面、说理透彻、紧扣实际。

做好投资者保护工作，不但监管部门和行业自律性组织要积极履行自身职责，投资者作为当事人，更要不断增强自我保护能力，在参与期货交易时，具备期货基础知识，充分认识期货交易风险，做好自我评估和入市前的各项准备工作。在交易过程中，按照政策法律规定和合同约定，行使自身权利，履行自身义务，掌握必要的维权知识，切实保护好自身权益。

中国期货业协会

2022年10月

目　录

入市准备篇

期货经纪业务篇

交易咨询业务篇

期货资产管理业务篇

期货子公司风险管理业务篇

维权方式篇

维权组织篇

政策法律篇

入市准备篇

第一章　期货交易的特点和风险

一、期货交易的概念及特征

（一）概念

期货交易是指交易双方在期货交易所进行的期货合约或选择权合约买卖，双方通过订立标准化期货合约的方式，约定在未来某一时间和地点，以某一特定价格买卖某一特定品种和数量的实物商品、金融产品或其他相关产品的行为。

《中华人民共和国期货和衍生品法》（以下简称《期货和衍生品法》）第2条规定："本法所称期货交易，是指以期货合约或者标准化期权合约为交易标的物的交易活动……本法所称期货合约，是指期货交易场所统一制定的、约定在将来某一特定的时间和地点交割一定数量标的物的标准化合约。本法所称期权合约，是指约定买方有权在将来某一时间以特定价格买入或者卖出约定标的物（包括期货合约）的标准化或非标准化合约。"

期货交易由现货交易孕育而生，是市场经济发展到一定阶段的必然产物。由于现货交易无法预先对未来某时段交易品种的供求关系及价格波动做出反应，无法为交易者提供其追求的预期价格，因此现货交易发展到一定阶段，就产生了远期交易，即交易双方约定在未来某一时间，以约定的价格和数量，买进或者卖出某种特定商品。交易方式的长期演进，尤其是远期现货交易的集中化和组织化，为期货交易的产生和期货市场的形成奠定了基础。

（二）特征

交易者在进行期货交易前，应当了解期货交易的以下特点。

1. 交易标的标准化。期货交易的标的——期货合约是由交易所统一制定的标准化合约，在合约中，标的物的数量、规格、交割时间和地点等都是既定的，交易者不需要就交易的具体条款进行协商。

2. 场内集中竞价交易。期货交易的所有买卖指令都必须在期货交易所内集中竞价成交。通常只有交易所的会员方能进场交易，其他交易者只能委托期货交易所会员，由其代理进行期货交易。

3. 保证金交易。在交易过程中，交易者需要按照合约价值的一定比例缴纳履约保证金，也可进行数倍于保证金的交易，也就是杠杆交易。保证金比例越低，杠杆效应越大，高收益与高风险特点越明显。

4. 双向交易。交易者可以通过买入期货合约开始交易，也可以通过卖出期货合约开始交易，既允许先买后卖，也允许先卖后买。

5. 对冲了结。交易者只要对前期建仓进行平仓即可结束交易，一般不需要交割（即交收现货）。对冲了结使交易者不必通过交割来结束期货交易，提高了期货市场的流动性。

6. 当日无负债结算。每日交易结束后，结算部门计算交易者所有盈亏、交易保证金、手续费、税金等，并据此进行资金划转，保证金不足的，应当及时补足。

需要强调的是，现货交易与期货交易的本质区别是交易目的不同，以及由此导致的功能作用不同。现货交易以转移商品所有权为目的，交易的履行通过实物交割的方式进行，交易的功能是实现商品的流通；期货交易不以转移商品所有权为目的，绝大部分交易以对冲平仓方式了结，交易的功能是发现价格、转移风险。股票交易属于典型的现货交易，交易标的是上市公司的股权，在交易过程中，股票交易采用全额的现金交易，不存在资金的杠杆效应，在交易方式上一般只能先买后卖，不需要中途追加资金；账面盈亏不是每日结算划转，可以长期持有，没有到期交割要求，不实行强行平仓、强制减仓等制度；股票投资回报分为两部分，一是市场差价，二是分红派息，而期货交易的盈亏就只有合约价值买卖的价差；股票市场实行 T+1 的交易制度，即当天买入第二天才可以卖出，期货市场实行 T+0 的交易制度，即当天买入当天可以卖出，反之亦然。由于期货交易与股票交易有明显区别，交易者在进行期货交易时，一定要了解期货交易的特点。一些有过股票交易经历的交易者有时容易按照买卖股票的方式进行期货交易。这种交易方式会带来不必要的风险，对此，需要特别注意。

此外，《期货和衍生品法》对衍生品交易以及衍生品交易中的互换合约、远期合约、非标准化期权合约也进行了规定。根据《期货和衍生品法》第二条规定：衍生品交易，是指期货交易以外的，以互换合约、远期合约和非标准化期权合约及其组合为交易标的的交易活动；互换合约，是指约定在将来某一特定时间内相互交换特定标的物的金融合约；远期合约，是指期货合约以外的，约定在将来某一特定的时间和地点交割一定数量标的物的金融合约。

二、期货交易中的常见风险

期货交易的风险是客观存在的，并且由于期货的交易特点，风险因素被放大，交易者在期货交易中面临比现货交易和其他金融产品交易更高的风险，主要有以下几个方面。

1. 价格风险，是指市场价格波动使交易者的期望利益受损的风险。价格风险是由于价格变化方向与交易者的预测判断和下单期望相悖而产生的。因为杠杆原理的作用，这个风险被放大，交易者应时刻注意防范。

2. 委托风险，是指交易者在选择期货公司，确立委托关系过程中所产生的风险。交易者应当选择合法正规的期货公司，并对期货公司的规模、资信、经营状况等进行综合分析，确定最佳选择后与期货公司签订合同。如果选择不当，可能会给交易者将来的业务带来不便和风险。

3. 交易风险，是指交易者在交易过程中产生的风险，包括由于市场流动性差，交易难以迅速、及时、方便地成交所产生的风险，以及当期货价格波动较大，保证金不能在规定时间内补足，交易者可能面临被强行平仓的风险。

4. 交割风险，是指交易者在准备或者进行期货交割时产生的风险。期货合约到期后，所有未平仓合约都必须进行交割，因此，不准备进行交割的交易者应当在期货合约到期之前或交割月到来之前将持有的未平仓合约及时平仓，从而避免承担交割责任。在商品期货交易中，由于个人交易者不能参与交割，必须按照交易规则及时平仓，否则就会被强行平仓。

5. 强行平仓风险，期货交易实行由期货交易所和期货公司分级进行的每日结算制度。在结算环节，期货公司根据期货交易所提供的结算结果每天都要对交易者的盈亏状况进行结算，若期货价格波动较大、保证金不能在规定时间内补足，交易者可能面临强行平仓风险。因此，交易者在交易时，要时刻注意自己的资金状况，防止由于保证金不足造成强行平仓，给自身带来重大损失。

6. 交易者自身因素而导致的风险，交易者自身的知识水平、进行期货交易的经验和操作水平等都是影响风险的因素，主要表现在以下几点：

（1）价格预测能力欠佳，缺少系统的方法，仅仅凭听到的消息或者主观随意猜测，当价格走势与判断相违背时，自然出现亏损；

（2）满仓操作，承受过大的风险，交易者在进行期货交易时，如果只看到获取利润的机会而忽视其中蕴含的风险，习惯满仓操作，一旦遭遇稍大的价格波动，就会导致大部分的资金损失，甚至透支或穿仓；

（3）缺乏处理高风险投资的经验，实践中，经常有交易者因为拒绝止损而导致重大损失，另外，因为缺乏经验而导致套期保值失败的事件也经常出现。

除上述风险外，交易者在操作过程中还面临着因计算机系统故障或人为操作错误带来的风险，如买卖方向错误、交易软件感染病毒等。

三、防范期货交易风险的措施

为了维护自身的投资权益，保障财产安全，交易者通常可以采用一些风险防范措施，包括以下几个方面。

1. 充分了解和认识期货交易的基本特点。交易者进入期货市场前必须对期货交易所特有的风险有足够了解和充分认识。理性投资，远离非法期货，维护自身权益。

2. 慎重选择期货公司。交易者应认真了解期货公司的资信情况、经营业绩、业务资格以及有关的规则和制度。合法期货公司名单及公司基本情况、分支机构、股东信息及从业人员等相关信息可以在中国期货业协会网站查询。交易者应当选择安全可靠的期货公司，降低不必要的风险。

3. 制定并执行正确的交易策略，将风险降至可以承受的程度。交易者在开始交易前要认真评估期货风险，正确看待自身经济实力，分析期货价格变化规律，制定并执行正确的交易策略，规避交易风险。

4. 规范自身行为，增强风险意识和心理承受能力。交易者必须严格遵守法律法规、交易规则等，约束自身行为，严禁违法交易，不断提高业务技能，严格履约。同时，增强风险意识，增强心理承受能力。

对于机构交易者而言，还要建立并有效执行内部风险监控和处置机制。

第二章　辨识合法期货和非法期货

一、合法的期货交易场所和期货品种

（一）合法的期货交易场所

合法的期货交易场所应当经中国证监会批准设立，并接受其监督管理。《期货和衍生品法》第 11 条规定：“期货交易应当在依法设立的期货交易所或者国务院期货监督管理机构依法批准组织开展期货交易的其他期货交易场所，采用公开的集中交易方式或者国务院期货监督管理机构批准的其他方式进行。禁止在期货交易场所之外进行期货交易。衍生品交易，可以采用协议交易或者国务院规定的其他交易方式进行。”《期货和衍生品法》第 81 条规定：“期货交易所应当在其名称中标明‘商品交易所’或者‘期货交易所’等字样。其他任何单位或者个人不得使用期货交易所或者其他可能产生混淆或者误导的名称。”

期货交易所是不以营利为目的，为期货交易提供场所、设施、相关服务和交易规则的机构，也是期货市场重要的自律监管机构，本身并不参与期货交易。期货交易所承担着以下职能：

（1）提供交易的场所、设施和服务；

（2）设计期货合约、标准化期权合约品种，安排期货合约、标准化期权合约品种上市；

（3）对期货交易进行实时监控和风险监测；

（4）依照章程和业务规则对会员、交易者、期货服务机构等进行自律管理；

（5）开展交易者教育和市场培育工作；

（6）国务院期货监督管理机构规定的其他职责。

目前，我国共有 5 家期货交易所，分别是上海期货交易所[①]、郑州商品交易所、大连商品交易所、中国金融期货交易所、广州期货交易所。这 5 家期货交易所在组织形式上分为会员制和公司制两种。会员制期货交易所是由全体会员共同出资组建，缴纳一定的会员资格费作为注册资本，以其全部财产承担有限责任的非营利性法人。上海期货交易所、郑州商品交易所、大连商品交易所是会员制交易所。公司制期货交易所通常是由若干股东共同出资组建，股份可以按照有关规定转让的企业法人。中国金融期货交易所及广州期货交易所是公司制交易所。

（二）合法的期货品种

随着我国期货市场创新步伐加快，我国期货品种逐渐丰富，截至 2022 年 12 月，我国上市交易期货品种共有 94 个期货、期权产品，其中商品类 84 个（期货 64 个、期权 20 个），金融类 10 个（期货 6 个、期权 4 个），产品体系涵盖农产品、能源、化工、金融等国民经济重要领域，期货市场运行质量明显提升。

各期货交易所上市交易品种具体为：

上海期货交易所上市交易的品种包括纸浆、线材、锌、锡、铜、天然橡胶、石油沥青、热轧卷板、燃料油、铅、镍、螺纹钢、铝、黄金、不锈钢、白银、锌期权、铜期权、天胶期权、铝期权、黄金期权。

上海国际能源交易中心上市交易的品种包括原油、原油期权、铜（BC）、低硫燃料油、20 号胶。

郑州商品交易所上市交易的品种包括一号棉、棉花期权、棉纱、早籼稻、甲醇、甲醇期权、菜籽油、油菜籽、菜籽粕、菜籽粕期权、白糖、白

① 2013 年 11 月 6 日，经中国证监会批准，由上海期货交易所出资设立的上海国际能源交易中心股份有限公司注册成立，其经营范围包括组织安排原油、天然气、石化产品等能源类衍生品上市交易、结算和交割，制定业务管理规则，实施自律管理，发布市场信息，提供技术、场所和设施服务。

糖期权、PTA、PTA 期权、普麦、强麦、玻璃、动力煤、动力煤期权、粳稻、晚籼稻、硅铁、锰硅、苹果、红枣、尿素、纯碱、短纤、花生。

大连商品交易所上市交易的品种包括黄大豆一号、黄大豆二号、胶合板、玉米、玉米期权、玉米淀粉、苯乙烯、乙二醇、纤维板、铁矿石、铁矿石期权、焦炭、鸡蛋、焦煤、聚乙烯、聚乙烯期权、生猪、豆粕、豆粕期权、棕榈油、棕榈油期权、液化石油气、液化石油气期权、聚丙烯、聚丙烯期权、粳米、聚氯乙烯、聚氯乙烯期权、豆油。

中国金融期货交易所上市交易的品种包括 10 年期国债期货、2 年期国债期货、5 年期国债期货、沪深 300 股指期货、沪深 300 股指期权、上证 50 股指期货、中证 500 股指期货。

证券交易所上市 ETF 期权包括：上海证券交易所的上证 50ETF 期权合约、上交所沪深 300ETF 期权合约；深圳证券交易所深交所沪深 300ETF 期权合约。

二、非法期货交易及防范

非法期货交易是指有关公司或个人未经国务院期货监督管理机构批准，擅自设立或者变相设立期货交易所、期货公司及其他期货经营机构，或者擅自从事期货业务，组织期货变相交易的活动。

（一）非法期货交易场所及其清理整顿

近年来，一些大宗商品交易市场开展不以实物交割为目的的集中交易，实质上是以现货交易为名变相组织期货交易活动。这些交易活动在市场开办、主体资格、交易规则、信息披露和风险防范等方面缺乏统一规范，逃避期货监管机构的统一监管，存在严重的市场风险和资金安全隐患，直接影响经济金融安全和社会稳定，损害交易者权益，亟须清理整顿。

为此，2011 年、2012 年国务院先后出台了《国务院关于清理整顿各类交易场所切实防范金融风险的决定》（国发〔2011〕38 号）《国务院办公厅关于清理整顿各类交易场所的实施意见》（国发〔2012〕37 号），对从事产权交易、文化艺术品交易和大宗商品中远期交易等各种类型的交易场所进行清理整顿，建立了由证监会牵头，有关部门参加的“清理整顿各类交易场所部际联席会议”开展具体工作。

目前，不法分子利用现货交易市场从事非法期货交易，一是网络化趋势明显。不法分子设立网络平台，借助互联网渠道宣传推广、募集资金，突破地域，加速风险蔓延。二是业务行为逐渐复杂化。一些违法机构兼营 P2P、配资、私募基金等多种业务，跨界经营使行为模式更加复杂隐藏，增加了调查认定难度。

需要强调的是，只有通过经中国证监会批准设立的期货经营机构或在中国证监会批准的期货交易场所进行的期货交易，才是合法的期货交易。非法期货交易不受国家法律保护。交易者在入市交易前，应当对此有清楚的认识。

（二）其他非法期货交易骗局

近年来，随着对非法期货活动打击力度不断加大，不法分子从事非法期货活动的手法不断翻新，非法期货活动的隐蔽性越来越强。除了上文中提到的利用现货交易市场从事非法期货交易外，非法期货表现形式越来越多。目前，市场上非法期货交易的主要形式有如下几种。

1. 部分机构以境外期货代理的名义，用低手续费、低保证金等手段招揽客户从事境外期货交易活动。有的还提供“专家”指导、“一对一教学”、期货配资等服务。而交易者只需提供身份证件，开户并缴纳相关费用后，便可通过这些机构的特定交易软件进行“外盘期货”交易。根据国家规定，未经批准的任何单位和个人不得经营期货业务，境内单位或个人不得违反规定从事境外期货交易。境内交易者通过上述机构的交易软件或移动客户端参与境外期货交易，一旦发生纠纷，自身权益将无法得到有效保护。

2. “微盘”交易是指一些投资咨询、网络科技公司，在微信公众号、网站等注册客户多、流量大的互联网平台上通过嵌入微型交易系统或开发手机 App 开展的微型标准化合约交易，交易者只需要输入手机号即可完成注册。

3. 仿冒网站。有不法分子仿冒期货公司网站，发布欺诈性消息，意图诱骗交易者访问，引诱交易者将资金汇入其控制的银行账户。

4. 期货居间人违反规定擅自设立非法经营网点，通过夸大宣传，违规喊单等方式诱导交易者进行交易。

5. 期货配资主要表现为：一是从事期货配资业务的互联网平台宣传“只需缴纳 5% ~10% 的费用，即可获取 100% 本金的收益”。由于此类平台本身涉嫌诈骗或非法经营，如果出现纠纷，则交易者会面临不必要的财产损失。二是一些无良机构通过租借私募基金牌照，通过签订一系列合作协议等方式绕开监管，变相降低门槛，引诱大量没有风险承受能力的散户参与到个股场外期权交易中，并通过提供期货配资服务，进一步引诱客户。

（三）辨识非法期货交易及防范

交易者应当通过合法途径参与期货交易，避免落入不法分子精心布置的“陷阱”，一旦发现上述问题，应立即向有关部门举报，如果不小心掉进了非法期货的骗局，也应该通过正规途径进行维权。

要做到事前防范，交易者应了解非法期货的特征。非法期货活动是一种典型的涉众型违法犯罪活动，严重干扰正常的经济金融秩序，破坏社会和谐稳定。不法分子往往使用虚假身份和信息，通过夸大宣传、承诺收益等手段，引诱交易者上当受骗。不法分子骗取交易者钱财后，往往立即挥霍一空或者逃之夭夭，交易者损失难以追回。

随着政府对非法期货活动打击力度的不断加大，不法分子从事非法期货活动的隐蔽性也越来越强。总结来看，识别非法期货活动，可以从以下四个方面来判断。

一看业务资质。期货行业是特许经营行业，按照规定，开展期货业务需要经中国证监会批准，取得相应业务资格。未取得相应业务资格而开展期货业务的机构，是非法机构，请不要参与交易，以免上当受骗。交易者如果想要知道一家公司或某个人员是否具备期货业务资格，可以登录中国证监会网站（www. csrc. gov. cn）或中国期货业协会网站（www. cfachina. org）进行查询。

二看营销方式。开展期货业务活动，要遵守期货法律法规有关交易者适当性管理的要求，合法的期货经营机构在从事经纪业务时，要按规定主动向交易者揭示期货交易风险，并不得向客户作获利保证，不得与客户约定分享利益或共担风险。但是，不法分子通过 QQ、网络论坛、微信、直播 App 等发布信息，说期货交易“投资小、收益大”，只要跟着“老师”做，就可以“一个月收益翻番”，这是在骗取交易者钱财，交易者一定要当心。不法分子大多利用交易者“一夜暴富”或急于扭亏的心理，采用夸张、煽动性或吸引眼球的宣传用语吸引交易者。

三看汇款账号。一般来说，非法期货活动的目的是骗取交易者钱财，获取非法所得。为达此目的，不法分子往往会采取各种推销手段，如打折、优惠、频繁催款、制造紧迫感等方式，催促交易者尽快将资金打入其控制的银行账户。合法期货经营机构只能以公司名义对外开展业务，也只能以公司的名义开立银行账户，不会用个人账户或非本机构账户收款。交易者在汇款环节应当格外谨慎，如果收款账户为个人账户或与该机构名称不符的对公账户，交易者一定要警惕。

四看互联网地址。非法期货网站的网址往往采用无特殊意义的字母和数字构成，或在合法证券经营机构网址的基础上变换或增加字母或数字。交易者可通过证监会网站或中国期货业协会网站查看合法期货经营机构的网址，不要登录非法期货网站，以免误入陷阱，遭受损失。

三、积极应对非法期货活动侵害

根据《期货和衍生品法》及国家有关规定，非法设立期货交易场所的，由县级以上人民政府予以取缔。对于交易者来说，受到非法期货活动侵害后，为了尽可能挽回损失，维护自身权益，同时使不法分子及时得到查处，应当尽快向当地公安机关报案，或者向当地市场监管部门、期货监管部门反映，同时注意做好证据收集和保存工作，如通话录音、手机短信、网上聊天记录、电子邮件、网页、视频资料、照片、合同、汇款单、银行流水、缴款凭证等都可以作为证据使用，交易者可以将其提供给有关政府部门，以便其查处非法证券期货活动，同时也可将其作为向责任人主张权利的证据。

如果非法期货活动构成刑事犯罪，被害人应当通过公安、司法机关的刑事追赃程序追偿；如果非法期货活动仅是一般违法行为而没有构成犯罪，符合《民事诉讼法》规定起诉条件的当事人，可以通过民事诉讼程序请求赔偿。非法期货活动是否涉嫌刑事犯罪，由公安机关、司法机关依法认定。公安机关、司法机关根据工作需要，可以提请中国证监会及其派出机构出具认定意见，作为办案参考。中国证监会及其派出机构根据公安机关、司法机关或其他有关行政执法部门的要求，依法对正在立案侦查、调查或审理的特定期货涉嫌犯罪案件或行政违法案件进行性质认定。

在此，特别提醒交易者，不法分子骗取钱财后，往往很快逃之夭夭或将钱财挥霍一空，造成的损失很有可能追不回来。交易者应当强化风险意识，防止盲目逐利，增强对违法犯罪活动的识别能力，谨慎投资，理性消费，是避免不法侵害的有效方法。常言道："被骗别慌，报警应当。证据留好，能帮大忙。积极配合，止损有方。"

第三章　选择期货公司和期货从业人员

期货交易所不接受普通交易者直接入场交易，交易者必须通过期货公司进行期货交易。交易者进行期货交易前，要根据自己的需要选择期货公司，了解期货从业人员。

一、选择期货公司的考虑因素

交易者应当了解期货公司的依法经营情况、业务领域、诚信及财务状况、信息技术及人员素质等各方面的信息，审慎选择期货公司。

（一）依法经营情况

按照《期货和衍生品法》第六十条规定："设立期货公司，应当具备下列条件，并经国务院期货监督管理机构核准：（一）有符合法律、行政法规规定的公司章程；（二）主要股东及实际控制人具有良好的财务状况和诚信记录，净资产不低于国务院期货监督管理机构规定的标准，最近三年无重大违法违规记录；（三）注册资本不低于人民币一亿元，且应当为实缴货币资本；（四）从事期货业务的人员符合本法规定的条件，董事、监事和高级管理人员具备相应的任职条件；（五）有良好的公司治理结构、健全的风险管理制度和完善的内部控制制度；（六）有合格的经营场所、业务设施和信息技术系统；（七）法律、行政法规和国务院期货监督管理机构规定的其他条件。"期货公司业务实行许可制度，由中国证监会按照其商品期货、金融期货业务种类颁发许可证。交易者需要确认期货公司是否经中国证监会批准设立并取得相应业务许可。

（二）开展业务领域

当前，我国有150家期货公司。交易者可以根据需求选择适合的期货公司。具体来说，有些期货公司擅长于传统的商品期货，有些期货公司专注于金融期货，有些期货公司仅具有期货经纪业务牌照，有些期货公司则拥有期货经纪业务、期货资产管理业务、交易咨询业务、基金代销业务等多项业务牌照；同时，具有相同业务牌照的期货公司，其业务重点、业务水平也有差异。因此，交易者需要进行充分了解，根据自己的需要作出选择。

另外，期货公司所在地、营业部数量及分布等也是投资者进行选择时需要考虑的因素。

（三）诚信及财务状况

交易者在选择期货公司时，应当对期货公司的诚信及财务状况进行了解。按照中国证监会2018年7月1日起施行的《证券期货市场诚信监督管理办法》第八条规定，诚信信息包括表彰评比、行政许可、行政处罚、市场行业组织纪律处分、期货违法犯罪等诸多内容。期货公司财务状况包括净资本、净资产、权益总额、手续费收取多少、净利润等。信誉和财务状况良好、运作规范的期货公司可以更好地为交易者提供服务，保障交易者的交易及资金安全。

（四）信息技术水平

当前，信息技术已经覆盖了期货交易的各个环节，成为期货行业的重要基石，是期货市场安全稳定运行的核心，在保护交易者合法权益、推动市场发展创新过程中起着越来越重要的作用。虽然经过全行业信息技术检查，期货公司信息技术水平已经大幅提高，但由于不同期货公司检查评级结果存在高低差异，加之信息技术存在难以克服的故障风险，实践中仍然有交易者因为交易软件问题、期货公司交易系统故障等问题不能顺利进行交易，甚至造成交易损失。因此，交易者在选择期货公司时，有必要了解其信息技术水平。

（五）收费及服务情况

交易者选择期货公司时，还应当充分考虑收费及服务情况。期货公司收取的费用、报酬等，构成了交易者交易成本的主要部分。由于期货交易采用T+0制度，期货公司收费高对交易者来说将减少盈利，增加亏损，特别是对交易频繁的交易者更是如此，在极端情况下，有交易者交易亏损主要是因为支付了过多的交易费用。另外，不同期货公司服务的内容和水平也存在差异。因此，交易者应当选择收费合理，服务良好的期货公司。在决定选择某一期货公司前，交易者可以对不同期货公司进行横向比较。

二、了解期货公司的方式和途径

（一）网上查询

通过网上查询是交易者了解并选择期货公司的重要途径。为了保护交易者的合法权益，发挥社会监督功能，提高期货市场透明度，按照中国证监会《期货公司信息公示管理规定》的要求，交易者现在均可通过中国证监会指定的期货公司信息公示平台，即中国期货业协会网站（www.cfachina.org），查询期货公司的基本情况、历史情况、分支机构情况、从业人员信息、股东信息、诚信记录等信息，以及中国证监会规定的其他信息。

（二）现场及其他了解方式

交易者也可以通过在期货公司经营场所查看其营业执照、期货业务许可证等方式，了解其是否正规合法。另外，交易者还可以联系中国证监会及其派出机构，了解期货公司是否正规合法。

（三）参考期货公司的分类评价结果

近年来，中国证监会及其派出机构组织实施了期货公司的分类评价工作，按照《期货公司分类监管规定》，证监会以期货公司风险管理能力为基础，结合公司服务实体经济能力、市场竞争力、持续合规状况，按照规定评估期货公司的等级类别。期货公司分类评价的结果较好地反映了各期货公司综合情况，是交易者了解、选择期货公司的重要参考依据。

三、了解期货从业人员的合法合规情况

除了要选择期货公司，交易者还要对提供服务的期货公司的工作人员进行一定了解，主要是确认其是否具有从业条件，知晓其执业行为是否符合规定要求。

（一）具备期货从业条件

期货公司工作人员从事期货业务必须符合期货从业条件。按照《期货和衍生品法》《期货交易管理条例》《期货从业人员管理办法》的规定，期货公司不得任用不符合期货从业条件的人员从事期货业务，从业条件不符合的人员也不得在期货公司中开展期货业务，只能承担辅助工作。

中国期货业协会建立了期货从业人员信息数据库，公示并及时更新从业条件注册、诚信记录等信息。交易者可以通过中国期货业协会网站、期货公司网站、期货公司营业场所信息公示栏，查询提供服务的期货公司工作人员是否具有期货从业条件，不要仅凭名片、着装等表面现象进行判断，以防上当受骗。

另外，交易者需要注意的是，为期货公司提供中间介绍业务的证券公司中从事期货经营业务的管理人员和专业人员也要符合期货从业条件，但其不属于期货公司的从业人员。

同时，期货居间人也不属于期货公司的工作人员。针对期货居间人，根据2003年7月1日起施行的《最高人民法院关于审理期货纠纷案件若干问题的规定》第十条的规定，公民、法人受期货公司或者客户的委托，作为居间人为其提供订约的机会或者订立期货经纪合同的中介服务的，居间人将从手续费等经纪业务收入等提取部分作为佣金。居间人应当独立承担

基于居间经纪关系所产生的民事责任。值得注意的是，2021 年中国期货业协会出台了《期货公司居间人管理办法（试行)》，建立起居间人自我约束、期货公司承担主体管理责任、地方协会参与纠纷调解、协会进行自律管理、行政监管坚守底线的“自下而上”管理体系；该办法第十四条规定了居间人不得参与期货配资，不得代理交易者从事期货交易，以期货公司员工、代理人的身份对外开展业务，提供、传播虚假或者误导交易者的信息等十一类禁止性行为。

（二）执业行为规范

当前，中国证监会《期货从业人员管理办法》、中国期货业协会《期货从业人员执业行为准则》等对期货从业人员的执业行为提出了一系列规范性要求。

1.《期货从业人员管理办法》（以下简称《办法》）规定[①]。

期货从业人员应当遵守下列执业行为规范：

（1）诚实守信，恪尽职守，促进机构规范运作，维护期货行业声誉；

（2）以专业的技能，谨慎、勤勉尽责地为客户提供服务，保守客户的商业秘密，维护客户的合法权益；

（3）向客户提供专业服务时，充分揭示期货交易风险，不得作出不当承诺或者保证；

（4）当自身利益或者相关方利益与客户的利益发生冲突或者存在潜在利益冲突时，及时向客户进行披露，并且坚持客户合法利益优先的原则；

（5）具有良好的职业道德与守法意识，抵制商业贿赂，不得从事不正当竞争行为和不正当交易行为；

（6）不得为迎合客户的不合理要求而损害社会公共利益、所在机构或者他人的合法权益；

（7）不得以本人或者他人名义从事期货交易；

---

① 本书根据编写需要引用了相关规定的部分条、款、项、目，未引用规定的全部内容，下同。

（8）协会规定的其他执业行为规范。

2.《期货从业人员执业行为准则》（以下简称《行为准则》）的规定。

该《行为准则》在《办法》的基础上，对期货从业人员的执业行为提出了更加细致的要求，其内容包括基本准则、合规执业、专业胜任能力、对交易者的责任、竞业准则、其他责任等。具体内容可以登录中国期货业协会网站查询。

此外，期货从业人员还必须遵守法律、行政法规、行政规章和规范性文件，以及行业自律规则的各项有关规定。

除了期货从业条件、执业行为规范，交易者在通过期货公司参与期货交易时，还应当了解具体提供服务的工作人员的职业道德和业务水平。

第四章 交易者的自我评估

一、交易者自我评估的必要性

期货市场是一个发现价格、管理风险、配置资源的专业化市场。同时，也存在风险。期货交易实行保证金交易方式，保证金比例越低，杠杆效应越大，具有高风险、高收益的特点。这种交易特点客观上要求交易者具备较高的期货专业知识水平和较强的风险承受能力。交易者对自身是否适宜参与期货交易、如何参与期货交易的认识，对后续交易有着深远的影响。因此，交易者在进入期货市场之前，应当进行自我评估，如果盲目入市，很可能给自己带来难以承受的损失。

二、“卖者尽责，买者自负”原则

“卖者尽责，买者自负”是期货交易的基本原则。交易者作为期货市场的参与者，应当树立风险意识与自我保护意识，增强自我保护能力。2019年最高人民法院发布的《全国法院民商事审判工作会议纪要》规定，必须坚持“卖者尽责、买者自负”原则，将金融消费者是否充分了解相关金融产品、投资活动的性质及风险并在此基础上作出自主决定作为应当查明的案件基本事实，依法保护金融消费者的合法权益，规范卖方机构的经营行为，推动形成公开、公平、公正的市场环境和市场秩序。具体而言，交易者树立“买者自负”的金融投资理念需要注意以下几方面。

第一，在期货公司履行期货经纪合同约定的各项义务的情况下，交易者应根据期货公司提供的相关信息进行充分考虑，在确定了解期货产品或服务的收益情况和风险属性的前提下，选择适合自身交易的期货产品或服务。

第二，交易者应当如实提供自身真实信息，在双方各尽其责完成审查和风险匹配后，交易者以自身提供的信息不真实为由，主张自己不合格的交易者有违诚信原则，亦与“卖者尽责、买者自负”原则不符。

第三，交易者在决定购买期货产品或服务时应当仔细阅读合同中的相关条款，了解期货产品或服务的风险。交易者购买了期货产品或服务后，还需要持续关注自身账户资金、盈亏、持仓和交易情况。

第四，由于交易者事先已知晓并表示接受风险，期货产品或服务造成的亏损或未达预期收益的风险，应由交易者自行承担。

三、交易者开展自我评估的四个方面

交易者进行自我评估时，可以从主体资格、专业知识、抗风险能力、身心条件等方面入手。在评估过程中，应当充分理解“买者自负”原则，审慎决定是否适合参与期货交易，避免盲目入市。

（一）主体资格方面

当前，我国法律法规对交易者参与期货交易设定了主体资格要求，不满足这些要求即不能开户交易。根据《期货和衍生品法》第五十三条规定，被禁止从事期货交易的人员或机构主要包括：期货经营机构、期货交易场所、期货结算机构的从业人员，国务院期货监督管理机构、期货业协会的工作人员，以及法律、行政法规和国务院期货监督管理机构规定禁止参与期货交易的其他人员。

（二）专业知识方面

在进行期货交易之前，交易者应当确认自己是否掌握了必要的期货专业知识，包括期货基础知识、交易规则、法律法规，以及自己是否具备一定的交易经历。

1. 期货基础知识

在这方面，交易者需要判断自己对以下知识的了解程度：期货市场概况、市场组织结构和交易者情况、产品情况、交易目的和交易方式、交易分析方法、风险控制等。其中，期货市场概况包括期货交易的特征、期货市场的功能与作用；市场组织结构和交易者情况包括期货交易所、结算机构、期货公司、其他期货中介和服务机构、交易者等；产品情况包括了解产品特点和风险特性；交易目的和交易方式主要是参与期货交易的目的，如套期保值、投机、套利；期货价格分析包括期货行情解读、基本面分析方法、技术分析方法；风险控制包括期货市场风险的类型和识别、“五位一体”的监管体系、市场参与者的风险控制。

另外，由于期货市场是由现货市场发展而来，并且为现货市场、实体经济服务，期货市场行情容易受到国内外政治经济等多重因素影响，期货交易在一定意义上可以说是信息交易，交易者对相关知识和资讯进行充分了解也非常必要。

2. 交易规则

期货交易规则是期货市场运行的基础。交易者在进行期货交易前，应当确保对期货合约、交易规则等有基本、必要的了解，否则有可能因违反交易规则，受到期货交易所或监管部门的处理。交易者可以到各期货交易所网站，以及中国证监会、中国期货市场监控中心网站等查询和了解这些规则内容。

期货交易的基本制度和规则包括：保证金制度、当日无负债结算制度、涨跌停板制度、持仓限额制度、大户报告持仓制度、强行平仓制度、强制减仓制度、套期保值审核制度、交割制度、风险准备金制度、风险警示制度、信息披露制度等。

3. 法律法规

除了期货交易规则，交易者也需要知晓期货市场的法律法规。相比于期货基础知识和交易规则，交易者在日常交易中一般并不直接用到法律法规，但是期货市场的法律法规是期货市场运行的基础，也是交易者权益的重要保障，而且期货基础知识、交易规则很多以法律法规为基础。因此，交易者在进行自我评估时，增强自己对期货市场法律法规的了解程度，对未来交易的顺利进行、权益的充分保障很有帮助。

4. 交易经历

对于交易者来说，交易经历的重要性不言而喻。具备期货交易经历可以更好地掌握交易技巧，更加熟练地应对各种行情变化。这里所说的交易经历指的是交易者的亲身交易经历。书本上的或者通过其他途径获取的别人的交易经验，虽然能够对交易者交易起到一定的指导作用，但是不能等同于亲身交易经历；其他金融、现货的交易经历对期货交易可能会有帮助，但相互之间没有必然关系，不能生搬硬套。

（三）抗风险能力方面

由于期货交易的高风险特点，对抗风险能力的评估是交易者自我评估的核心之一。交易者在进行抗风险能力评估时，可以从自身财务状况、风险控制和承受能力方面进行评估。其中，财务状况包括资产情况和收入情况，特别是金融资产情况，财务状况越好，抗风险能力越高。风险控制和承受能力包括风险识别、处置和承受损失的能力。交易者应当充分考虑期货交易的高风险特点，选择合适数量的资金入市交易，避免将全部或大部分资金用于期货交易，从而影响自身的生产生活。另外，交易者也不要使用借贷资金进行期货交易，避免进一步放大杠杆或者在损失发生后出现偿债困难，更不要利用配资参与交易。

（四）身心条件方面

交易者在进行期货交易前，除了要进行上述几个方面评估外，也不能忽略评估自身的身心条件。期货的交易特点和风险特性，在放大盈利的同时也放大了亏损，这对交易者的心理素质提出了更高的要求。交易者在准备进行期货交易前需要树立正确的交易理念，做好“买者自负”的心理准备，克服各种不良心态，避免因心理素质不过关加大交易风险。同时，由于国内外期货价格联动性强、部分期货品种推出了夜盘连续交易，交易者需要随时关注市场行情走势等因素，期货交易也对交易者的身体条件提出了一定要求。因此，交易者在进行期货交易前应当评估自己的身心条件。在自我评估、确定自身交易风险偏好的基础上，交易者还要选择适合自己的交易策略。

四、交易者需要持续开展自我评估

进行期货交易的交易者持续开展自我评估也是非常有必要的。因为交易者的自我评估是对其某一时期或某一时点是否适合进行期货交易的判断，随着期货市场和交易者自身情况的变化，之前所做的判断可能已经失效，需要交易者定期进行持续性评估，以确认自己是否适合继续从事期货交易。

对已经实际参与交易的交易者来说，其期货专业知识一般会随着交易经验的累积而不断丰富，但抗风险能力、身心条件并不必然相应地提高。例如，在交易期间，交易者亏损增加、财务状况恶化、身体健康水平降低、交易心理压力加大等，都可能导致其不再适宜继续参与期货交易。市场情况的变化也有可能导致交易者不宜继续参与期货交易。当前，期货市场进入创新发展的新时期，期货市场总体情况、市场结构、交易特点、运行状况等持续变化调整，对交易者不断提出新的要求。

综合以上内容，交易者只有持续性地开展自我评估，才能确保自身始终处于适宜参与期货交易的状态，以更好地进行交易。

第五章　交易者适当性制度

交易者适当性管理是现代金融服务的基本原则和要求，是成熟资本市场普遍采用的交易者保护制度。健全有效的适当性制度，对于资本市场稳定健康的发展具有十分重要的意义。期货公司也要按照中国证监会《证券期货投资者适当性管理办法》（以下简称《适当性办法》）的要求，本着对交易者负责的原则，执行各项交易者适当性制度，做到“把适当的产品销售给适当的交易者”。

一、交易者适当性制度的概念

交易者适当性制度，是根据期货产品的具体特征和风险特性，区别交易者的产品认知水平和风险承受能力，选择适当的交易者审慎参与期货交易，建立与之相适应的监管制度安排。

二、建立和实施交易者适当性制度的原因

期货市场是一个有风险的专业化市场，而广大交易者在专业水平、风险承受能力、风险收益偏好等方面都存在很大差异，对期货产品或服务的需求也不尽相同。期货具有杠杆高、风险大的特点，客观上要求参与者具备较高的专业水平、较强的经济实力和风险承受能力，不适合一般交易者广泛参与。因此，在期货市场实践中，有必要对交易者进行分类管理，“把适当的产品销售给适当的交易者”，防止不当销售期货产品或提供服务。建立交易者适当性制度，能够从源头上深化交易者风险教育，有效避免交易者盲目入市，真正做到保护交易者的合法权益。

期货经营机构作为期货市场的参与者，通过提供期货产品或服务获取收益，与交易者相比，在专业性和信息获取方面处于优势地位。交易者适当性制度是平衡双方利益诉求、约束期货经营机构短期利益冲动、增强期货经营机构长期竞争力、提升交易者自我保护意识和能力的一剂良方。

实行交易者适当性制度，也有利于进一步推动形成良好的资本市场文化，有助于广大交易者尤其是中小交易者形成理性投资理念，从而逐步培育成熟的交易者队伍，更好地发挥其稳定市场的重要作用。

三、交易者适当性制度的内容

交易者适当性制度由《期货和衍生品法》中适当性的相关规定、中国证监会规定、期货交易所业务规则、中国期货业协会自律规则四个层面规则组成，其中：《期货和衍生品法》第五十条、第五十一条对交易者适当性进行了原则性规定。中国证监会《证券期货投资者适当性管理办法》、各期货交易所交易者适当性制度实施办法、中国期货业协会《期货经营机构投资者适当性管理实施指引》是对《期货和衍生品法》适当性管理原则性规定的细化。上述制度以严格落实经营机构适当性义务为主线，围绕评估交易者风险承受能力和产品风险等级、充分揭示风险、提出匹配意见等核心内容，对规范落实证券期货经营机构的适当性义务，保障交易者的合法权益等方面起到了积极作用。

（一）总体要求

期货经营机构应当对交易者进行科学分类，把“了解客户”“了解产品”“客户与产品匹配”“风险揭示”作为基本的经营原则，不了解客户就卖产品，不把风险讲清楚就卖产品，违反了法律义务，将受到法律责任、行政处罚、自律监管措施等各个层面给予的相应处罚。

（二）主要内容

一是构建了依据多维度指标对交易者分类的体系，统一交易者分类标准和管理要求。交易者分为普通和专业交易者，两类交易者在一定条件下可以互相转化，期货公司从保护交易者合法权益出发对交易者进行细化分类。同时规范了特定市场、产品、服务的交易者准入要求。

二是明确了产品分级的底线要求和职责分工，规定期货经营机构是产品或服务风险等级划分的主体，明确分级的考量因素，由证监会明确底线要求，协会制定产品名录指引、期货经营机构制定具体分级标准的产品分级体系。

三是规定了期货经营机构在适当性管理全过程中的义务，全面从严规范相关行为。细化了解交易者、评估产品、适当性匹配、风险警示到持续复核要求等环节的具体内容和方式，要求完善内部管理制度，禁止采取鼓励从业人员不适当销售的考核激励措施。

四、其他交易者适当性的相关规定

2019 年 11 月 8 日，最高人民法院正式发布了《全国法院民商事审判工作会议纪要》(以下简称《九民纪要》)。《九民纪要》第五部分“关于金融消费者权益保护纠纷案件的审理”中共用 7 个条文对“适当性义务”相关问题进行了规定。《九民纪要》的实行在全国范围内对有关“适当性义务”的案件裁判具有重大的指导意义。《九民纪要》关于“适当性义务”主要有如下规定。

一是明确了法律适用规则。卖方机构对金融消费者负有适当性义务，该义务性质上属于《合同法》[①] 第六十条第二款规定的先合同义务。卖方机构未尽适当性义务导致金融消费者损失的，应当根据《合同法》[②] 第四十二条第三项的规定承担赔偿责任。

二是依法确定责任主体。卖方机构未尽适当性义务，导致金融消费者在

---

① 因《民法典》于 2021 年 1 月 1 日起施行，晚于《九民纪要》发布时间，《民法典》施行后原《合同法》废止。该条款现对应《民法典》第五百零九条。

② 同以上原因，该条款现对应《民法典》第五百条第三款。

购买金融产品或者接受金融服务过程中遭受损失的，金融消费者既可以请求金融产品的发行人承担赔偿责任，也可以请求金融产品的销售者承担赔偿责任，还可以请求金融产品的发行人、销售者共同承担连带赔偿责任。

三是依法分配举证责任。在案件审理中，金融消费者应当对购买产品或者接受服务和遭受的损失等事实承担举证责任。卖方机构对其是否履行了“将适当的产品（或者服务）销售（或者提供）给适合的金融消费者”义务承担举证责任。卖方机构不能提供其已经建立了金融产品（或者服务）的风险评估及相应管理制度、对金融消费者的风险认知、风险偏好和风险承受能力进行了测试、向金融消费者告知产品（或者服务）的收益和主要风险因素等相关证据的，应承担举证不能的法律后果。

四是明确告知说明义务的衡量标准。告知说明义务是适当性义务的核心，是金融消费者能够真正了解产品或者服务的投资风险和收益的关键，应当根据产品的风险和金融消费者的实际状况，综合一般人能够理解的客观标准和金融消费者能够理解的主观标准来确定告知说明义务。卖方机构仅以金融消费者手写了诸如“本人明确知悉可能存在本金损失风险”等内容主张其已经尽了告知说明义务的，人民法院不予支持。

五是损失赔偿数额的确定。卖方机构未尽适当性义务造成金融消费者损失的，应当赔偿金融消费者所受的实际损失。实际损失为损失的本金和利息，利息按照中国人民银行发布的同期同类存款基准利率计算。金融消费者因购买高风险权益类金融产品或者为参与高风险投资活动接受服务，以卖方机构存在欺诈行为为由，主张卖方机构应当根据《消费者权益保护法》第五十五条的规定承担惩罚性赔偿责任的，人民法院不予支持。

六是规定免责事由。因金融消费者故意提供虚假信息导致其购买产品或者接受服务不适当的，卖方机构请求免除相应责任的，人民法院应予支持，但该虚假信息的出具系卖方机构误导的除外。卖方机构能够举证证明根据金融消费者的既往投资经验、受教育程度等事实，适当性义务的违反并未影响金融消费者的自主决定的，对其关于应由金融消费者自负投资风险的诉讼理由，应当予以支持。

期货经营机构在开展业务过程中，要按照中国证监会、中国期货业协会、各期货交易所的规定，进行交易者适当性评估。交易者也应当按照相关规定，配合期货经营机构开展适当性评估，以更好地维护自身权益。交易者需要特别注意的是，适当性评估结果不构成对交易者的投资建议或推荐意见，交易者应当遵守“买者自负”原则，承担期货交易的履约责任。

期货经纪业务篇

第六章　交易者与期货公司的权利义务

交易者与期货公司之间的权利义务主要由期货经纪合同确定。按照《期货和衍生品法》第六十六条规定，期货经营机构接受交易者委托进行期货交易，应当签订书面委托合同，以自己的名义为交易者进行期货交易，交易结果由交易者承担。期货经营机构从事经纪业务，不得接受交易者的全权委托。

在合同中，交易者与期货公司的权利义务包括以下几个方面。

一、交易者的权利和义务

（一）交易者的权利

一是保证金请求权。期货保证金属于交易者的自有资金，交易者向期货公司交付保证金后，交易者对自己向期货公司交纳的保证金享有请求权。当合同解除后，交易者有权要求期货公司退回保证金余额，同时交易者保证金不得列为期货公司破产财产，期货公司债权人不能请求对保证金强制执行。交易者可以通过中国期货市场监控中心的网站（www. cfmmc. com）查询期货公司的期货保证金账户。

二是有权拒绝或接受期货公司在违约的情况下代为买卖的法律后果。交易者对于期货公司超越期货经纪合同约定的受托范围的行为，有权决定是否拒绝或追认其买卖的后果。如果交易者予以追认，则一切后果由交易者承担。

三是自主选择权。交易者与期货公司之间是行纪关系，不是委托代理关系。交易者有权根据自己的判断自主选择期货公司、下达交易指令，有权获取期货交易的盈利，在合同解除时要求期货公司退还保证金，并有权单方解除合同。

四是知情权和监督权。期货交易在很大程度上依赖于获取的信息，期货公司有条件也有义务向交易者提供相关信息，供其参考。交易者有权随时了解交易指令的执行及成交情况。

（二）交易者的义务

一是支付佣金及相关费用的义务。交易者应当对期货公司的服务支付约定的佣金，同时，有义务向期货公司支付期货交易过程中产生的各种费用及税金。

二是及时交纳保证金的义务。保证金是期货公司代为买卖而向交易者收取的履约担保金，如果交易者不履行交纳保证金的义务，期货公司有权对其强行平仓。

三是承担期货公司转移的代为买卖的亏损和债务的义务。只要期货公司在代为买卖时履行了应尽的义务，交易者就有义务承担向其转移的交易结果及其他委托事务的一切法律后果，交易者无正当理由不得拒绝。

四是维护自身交易安全，及时关注交易持仓、保证金和权益变化情况，妥善处理自己的交易持仓，有效控制自身风险的义务。交易者对当日交易结算报告的确认，视为交易者对该日及该日之前所有持仓和交易结算、资金存取的确认。

五是反洗钱相关义务。交易者不得利用期货账户从事洗钱或恐怖融资活动、不得有逃税行为。期货公司作为金融机构承担反洗钱、反恐融资、反逃税义务，交易者应积极配合期货公司开展反洗钱、反恐融资、反逃税工作，包括但不限于客户身份识别、可疑交易报告、风险等级划分、账户实际控制关系申报等。交易者存在洗钱、恐怖融资或逃税行为的，需要承担法律责任，构成犯罪的，将被追究刑事责任。

六是不得参与期货市场非法配资活动的义务。非法配资活动违反了期货市场有关开户管理、账户实名制、期货经纪业务等方面的法律法规。交易者参与非法配资活动的，期货公司有权采取拒绝交易者委托或者终止经纪关系等措施，并向中国证监会及其派出机构报告，由此造成的一切损失，均由交易者自身承担。

二、期货公司的权利和义务

（一）期货公司的权利

一是选择交易者的权利。期货交易具有高风险特点，期货公司在接受交易者委托时，可以对交易者情况进行审查，并依据交易者适当性的相关要求，对交易者进行评估，之后决定接受或是拒绝委托。评估结果不构成对交易者的投资建议，不构成对交易者的获利保证。交易者不得以不符合适当性标准为由拒绝承担期货交易结果。

二是报送交易者信用风险信息的权利。根据中国证监会关于《证券期货市场诚信监督管理办法》的规定以及中国期货业协会《期货投资者信用风险信息共享管理规则》的规定，当交易者出现信用风险信息管理制度中所列信用风险情形时，期货公司有权将此类信用风险信息报送至中国期货业协会行业信息管理平台，由中国期货业协会按照交易者信用风险信息管理制度使用和管理此类信用风险信息。

三是报酬请求权。期货公司在为交易者提供服务后，有权要求对方支付佣金。期货公司有权根据期货交易所的规定和市场状况，确定收取佣金的标准。另外，交易者账户保证金的利息一般不返还给交易者，而将其视为期货公司获得报酬的一部分。

四是管理交易者账户的权利及冲抵权、强行平仓权和合同解除权。期货公司有向交易者收取保证金、调整保证金收取比例的权利，当保证金不足且未及时追加时，期货公司有权对交易者强行平仓、停止接受委托、解除合同等。

五是请求交易者接受期货交易后果的权利。交易者与期货公司之间存在《合同法》规定的行纪关系，交易者应当承担期货交易的后果。

（二）期货公司义务

一是公开的义务。期货公司应当如实向交易者告知期货交易的性质及风险，向交易者普及期货知识，必要时对交易者进行培训，向交易者公开自身的资信和业务状况，如实回答交易者的咨询。另外，还要向交易者提供市场及行情信息，反馈交易者委托事项进展情况，向交易者提供交易结算报告等账目。

二是遵从交易者指令的义务。交易者可以通过互联网、电话、书面或中国证监会规定的其他方式向期货公司下达交易指令。

三是遵守期货交易规则的义务。该项义务内容广泛，总的来说，是要求期货公司不得为自己利益而牺牲交易者利益，或未尽善良管理人的注意义务给交易者造成损失。

四是交付与转移义务。期货公司代为买卖所取得的盈利或实物应当转移给交易者。期货公司不得与交易者约定分享盈利。

第七章　期货经纪业务流程及注意事项

当前，交易者主要参与期货经纪业务。交易者进行期货交易的过程，就是与期货公司订立、履行、终止期货经纪合同的过程。期货经纪合同涵盖了交易者参与期货交易的方方面面。在实践中，部分交易者在签署期货经纪合同前未充分阅读并理解合同，知晓自身的权利和义务，造成了在进行期货交易过程中不能很好地维护自身权益，顺利开展交易。

基于这些原因，下面结合中国期货业协会《〈期货经纪合同〉指引（2021 年修订）》的内容，向交易者介绍参与期货交易的基本业务流程，提示交易者需要注意的事项。

一、合同的订立及注意事项

（一）合同订立前的说明、告知

1. 对交易者身份的要求

交易者应当以自己的名义委托期货公司从事期货交易，保证所提供的证件及资料具有真实性、合法性及有效性，声明并保证本人不属于下列情形：

（1）无民事行为能力或者限制民事行为能力的自然人；

（2）中国证监会及其派出机构、中国期货业协会、期货交易所、期货保证金安全存管监控机构、期货公司的工作人员及其配偶；

（3）国家机关、事业单位；

（4）证券、期货市场禁止进入者；

（5）未能提供开户证明文件的单位或个人；

（6）中国证监会规定不得从事期货交易的其他单位或个人。

如果交易者以上声明部分或全部内容不真实，将承担由此产生的全部法律责任并自行承担由此造成的一切损失。

2. 风险揭示和客户须知

在签署期货经纪合同前，期货公司应当向交易者出示期货交易风险说明书和客户须知，并充分揭示期货交易的风险。交易者应当在仔细阅读并理解上述文件后，在期货交易风险说明书、客户须知上签字或加盖单位公章，明确已经阅读并清楚理解期货交易的风险。这是对期货公司的监管要求，也是诚实信用原则的具体体现。期货公司若未向交易者揭示风险，造成交易者损失的，按照《最高人民法院关于审理期货纠纷案件若干问题的规定》应当承担相应的责任。

阅读并理解期货交易风险说明书和客户须知相关内容，按照合同要求抄写并签字，也是交易者的义务之一。交易者需要从自我保护的角度，按照期货公司要求阅读、抄写、签字。

3. 合同条款的理解

交易者应当在签署《期货经纪合同》前仔细阅读所有合同条款，特别是有关期货公司的免责条款，准确理解各条款的含义。

（二）合同签署

期货交易实行实名制。根据中国证监会发布的《期货市场客户开户管理规定》第九条规定，交易者开户时应当遵守以下实名制要求："个人交易者应当本人亲自办理开户手续，签署开户资料，不得委托他人代为办理开户手续""单位交易者应当出具单位交易者的授权委托书、开户代理人的有效身份证明文件和其他开户证件"。

交易者符合中国证监会有关客户开户规定的，期货公司将为其申请交易编码。交易编码是识别交易者的重要标识。交易者获得经分配的交易编码后，即可于下一交易日使用。当前，我国期货交易采用"一户一码"制度，交易编码不得借用、不得混码交易。

（三）合同存续期间的持续性要求

在交易者与期货公司合同关系存续期间，交易者提供给期货公司的身份证明文件过期或身份信息发生变更的，在开户申请表中提供的其他信息发生变更时，交易者有义务及时向期货公司提供新的相关材料。否则，期货公司有权拒绝交易者开新仓和出金指令，有权进一步关闭交易者的交易权限，由交易者承担相应的后果。

另外，期货公司根据反洗钱法律法规规定履行交易者身份识别、可疑交易报告及其他反洗钱义务，交易者应当予以配合。

（四）注意事项

在期货经纪合同订立过程中，交易者需要注意以下几点内容。

1. 应当知晓期货经纪合同的构成。除了期货经纪合同正文，期货交易风险说明书、客户须知、开户申请表、术语定义、手续费标准、期货交易委托代理人授权书及交易者和期货公司在期货经纪业务存续过程中所签署的其他文件等，均为合同不可分割的组成部分，与期货经纪合同正文具有同等法律效力。交易者在签署过程中应当认真阅读理解，并妥善保存。

2. 理解并遵守期货经纪合同的调整范围。交易者和期货公司签订的期货经纪合同以及相关附件，其权利义务只涉及交易者和期货公司双方。交易者不得利用在期货公司开立的账户，以期货公司工作人员的身份活动，通过网上交易或其他形式开展期货经纪业务或其他活动。若因交易者的过错而使期货公司遭受损失和不良影响的，交易者应当承担相应的赔偿责任。

3. 应当及时取得签署完整的期货经纪合同。实践中，交易者在签署期货经纪合同后，一般不能立即取得合同文本，而是要交期货公司进行签署。期货公司在签署时，需要经过一系列内部环节，待签署完毕后，将合同交给交易者。因此，交易者在签署后，不要误认为合同已经签署完成，而是要及时向期货公司取得最终签署的完整合同。取得合同文本后，建议交易者再次审阅合同条款，特别是手工填写部分，确定相关内容与此前协商是否一致。

二、委托及注意事项

（一）委托的含义

这里所说的委托是指交易者委托期货公司按照交易者的交易指令为交易者进行期货交易，期货公司接受交易者的委托，根据期货交易所规则执行交易者交易指令，交易者应当对交易结果承担全部责任。《期货和衍生品法》第六十六条规定："期货经营机构接受交易者委托为其进行期货交易，应当签订书面委托合同，以自己的名义为交易者进行期货交易，交易结果由交易者承担。期货经营机构从事经纪业务，不得接受交易者的全权委托。"

（二）代理人

在交易过程中，交易者可以委托他人作为自己的代理人（包括机构交易者开户代理人、指令下达人、资金调拨人、结算单确认人）。代理人在交易者的授权范围内所作出的任何行为均代表交易者的行为，交易者应当承担由此产生的全部责任。但是交易者不得委托期货公司工作人员作为代理人。交易者也可以更换代理人，更换时应当书面通知期货公司并经期货公司确认。机构交易者更换代理人时，其法定代表人或者负责人还应当在变更通知上签字并加盖公章。

（三）注意事项

交易者需要注意的是，交易者与代理人之间基于信任关系而建立民事代理关系，代理人的行为即被视为交易者的真实意思表示，所以交易者必须审慎选择代理人，合理授予代理权限，并在合同中注明。在交易过程中，交易者还应当随时了解代理人的各项代理行为，关注交易、持仓和权益变化等情况，避免代理人不适当地损害本人权益。

特别指出的是，现行法律法规规定，期货从业人员不得以本人或他人名义从事期货交易。期货经纪合同也约定，交易者不得要求期货公司或其工作人员以全权委托方式进行期货交易。交易者若全权委托期货从业人员操盘，对交易产生的损失也要承担相应责任，《最高人民法院关于审理期货纠纷案件若干问题的规定》第十七条规定；“期货公司接受客户全权委托进行期货交易的，对交易产生的损失，承担主要赔偿责任，赔偿额不超过损失的 80%，法律、行政法规另有规定的除外。”

此外，中国期货业协会于 2021 年 9 月 10 日发布的《期货公司居间人管理办法（试行）》第十四条第二款规定期货公司居间人不得“接受投资者委托，代理投资者从事期货交易，或者代理投资者办理账户开立、销户、结算签字、资金存取、划转、查询等事宜”。

三、保证金、保证金管理及注意事项

（一）保证金及保证金账户

1. 保证金

期货交易实行保证金制度，保证金是期货交易者按照规定交纳的资金或者提交的价值稳定、流动性强的标准仓单、国债等有价证券，用于结算和保证履约。

2. 保证金账户

期货公司在期货保证金存管银行开设期货保证金账户，代管交易者交存的保证金。交易者可以通过中国期货市场监控中心的网站（www. cfmmc. com 或 www. cfmmc. cn）查询期货公司的期货保证金账户。

交易者的出入金通过其在期货公司登记的期货结算账户与期货公司在同一期货保证金存管银行开设的期货保证金账户以同行转账的形式办理。同时，交易者的出入金方式应当符合中国证监会及期货保证金存管银行资金结算的有关规定。

期货公司应当对交易者期货账户的有关信息保密，但国家法律法规和中国证监会有特别规定的除外。另外，为了保障交易者保证金的安全，期货公司按照中国证监会的规定或要求，向中国期货市场监控中心报送交易者与保证金安全存管相关的信息。

（二）保证金的来源、形式和权属

1. 保证金来源的合法性

交易者应当保证其资金来源的合法性。期货公司也有权要求交易者对资金来源的合法性进行说明，必要时可以要求交易者提供相关证明。交易者对其所做的说明及提供的证明文件负有保证义务，并承担相应的法律责任。

2. 保证金的形式

除现金外，交易者可以根据期货交易所规则以标准仓单、国债等价值稳定、流动性强的有价证券作为保证金，期货公司应当按照期货交易所规定的要求代为办理。

3. 保证金的权属

交易者交存的保证金归交易者所有，除下列可以划转的情形外，期货公司不得挪用交易者保证金：（1）依照交易者的指示支付可用资金；（2）为交易者交存保证金；（3）为交易者支付交割货款或交易者未履约情况下的违约金；（4）交易者应当支付的手续费、税款及其他费用；（5）有关法律、法规或中国证监会、期货交易所规定的其他情形。

（三）保证金比例及其调整

交易者向期货公司交纳保证金的比例由期货公司确定。期货公司有权根据期货交易所、结算机构的规定和市场情况，在其认为有必要时自行调整保证金比例。期货公司调整保证金比例时，以其发出的调整保证金公告或者通知为准。

期货公司认为交易者持有的未平仓合约风险较大时，有权对交易者单独提高保证金比例或者拒绝交易者开仓。在此种情形下，提高保证金比例或者拒绝交易者开仓的通知对交易者单独发出。

（四）注意事项

在这里，交易者需要注意的，也是容易引起交易者和期货公司之间争议的是保证金标准调整问题。在合同履行过程中，期货公司有时会面向所有交易者或个别交易者单独调整保证金收取标准。实践中，经常有交易者对期货公司提高保证金标准表示不解或提出异议，甚至由此引发争议，特别是当期货公司提高保证金标准导致交易者需要追缴保证金时，更容易引起交易者不解、异议和争议。

对此，交易者应当知晓调整保证金标准是期货公司为了满足监管要求、控制风险而设定的合同权利。当交易者持有期货头寸时，应当按照期货公司通知的标准交纳保证金。期货公司追加保证金的通知往往通过网站、营业场所公告、每日交易结算报告等形式发出。交易者应当及时关注，避免因为保证金追加不及时导致被强行平仓。

四、交易指令的类型、下达及注意事项

交易者可以通过互联网、电话、书面或中国证监会规定的其他方式向期货公司下达交易指令，下达的交易指令类型应当符合各期货交易所及期货公司的规定。

（一）网上交易

当前，网上交易是最普遍、最快捷的下单方式。网上交易是指交易者使用计算机、移动终端等设备并通过互联网，或者通过期货公司局域网络向期货公司下达交易指令，进行期货交易的一种方式。

交易者进行网上交易的，应当按照期货公司的要求使用自己的交易账号（资金账号）、交易所交易编码、交易密码等下达交易指令。按照合同约定，存储在期货公司交易服务器内的委托记录将作为交易者和期货公司双方核查交易指令是否合法、有效的证明，期货公司交易服务器内的交易记录与书面指令具有同等法律效力。

由于各种因素的影响会使网上交易系统遭受中断，为保证交易者交易的正常进行，期货公司为交易者提供备用下单通道，当交易者不能正常进行网上交易时，可改作电话方式或书面方式下单。

（二）电话下单

交易者通过电话方式下达交易指令的，应当与期货公司约定身份认证方式。通过期货公司身份认证的交易指令视为交易者下达的指令。

以电话方式下达交易指令的，期货公司有权录音保留原始交易指令记录。期货公司的录音记录作为双方核查交易指令合法有效的证明，与书面指令具有同等法律效力。

（三）书面下单

交易者以书面方式下达交易指令的，交易指令单的填写应当完整、准确、清晰，并由交易者或者其指令下达人按照合同约定签字、盖章。

（四）妥善保管密码

交易者在下达交易指令的过程中，需要用到交易密码。为了确保安全，交易者应当在首次启用期货交易相关密码后更改初始密码，并自定义和全权管理本人的密码。通过密码验证的交易指令视为交易者下达的指令，由于交易者管理不善造成密码泄露所带来的损失，期货公司不承担相关责任。

（五）注意事项

在下达交易指令过程中，交易者应注意以下几个问题。

1. 有效应对交易软件故障。交易者在进行网上交易过程中，有时会遇到交易软件故障，不能正常下单、撤单，导致丧失交易机会，甚至造成损失。当发生这种情况时，应当及时与期货公司联系，查找问题根源，并使用其他方式下达交易指令，尽量避免损失发生。

实践中，也有部分交易者因为不熟悉交易软件引发误操作，导致无法进行正常交易。为此，交易者在进行网上交易时，一定要预先了解交易软件的功能、特点和固有缺陷等。

2. 做好证据保存工作。当前，一些交易者不能有效地维护自身权益，无法提供证据是重要原因之一。例如，实践中，当交易者认为他人擅自利用其账号和密码进行交易时或交易软件出现故障不能顺利交易时，往往因为证据不足，不能有效地主张自己的权利。为此，交易者在交易过程中，妥善保存好相关证据，对于保护自身权益非常重要。

五、交易指令的执行与错单处理

（一）交易指令的执行

交易者下达的交易指令应当包括交易者账号（或交易编码）、品种、合约、数量、买卖方向、价格、开平仓方向等内容。期货公司有权审核交易者的交易指令，包括但不限于保证金是否充足，指令内容是否明确，是否违反有关法律法规和期货交易规则等，以确定指令的有效性。当交易者的指令确认为无效指令时，期货公司有权拒绝执行交易者的指令。

交易者在发出交易指令后，可以在指令全部成交之前向期货公司要求撤回或者修改指令。但如果该指令已经在期货交易所全部或部分成交，交易者则应当承担交易后果。

由于市场原因或者其他非期货公司所能预见、避免或控制的原因导致交易者交易指令全部或者部分无法成交的，期货公司不承担责任。

（二）错单处理

交易过程中，交易者对交易结果及相关事项向期货公司提出异议的，期货公司应当及时核实。为避免损失的发生或者扩大，期货公司在收到交易者的异议后，可以将发生异议的持仓合约进行平仓或者重新执行交易者的交易指令，由此造成的损失由有过错一方承担。

期货公司错误执行交易者交易指令，除交易者认可的以外，交易后果由期货公司承担。

六、通知、确认及注意事项

（一）通知

通知是期货公司对交易者的一项基本服务，也是期货公司的法定义务，期货公司对交易者及时、有效的通知和两者间信息的相互确认是期货交易顺利进行的基础和保证。

在期货交易中，期货公司对交易者实行当日无负债结算。只要交易者在该交易日有交易、有持仓或者有出入金的，期货公司均应当在当日结算后按照合同约定的方式交给交易者显示其账户权益状况和成交结果的交易结算报告，这是期货公司的义务。如果交易者当日没有交易、持仓或出入金时，期货公司经交易者同意，可以不给交易者发出交易结算报告。

为了确保期货公司能够履行通知义务，交易者应及时了解自己账户的交易情况，实践中，期货经纪合同中都会约定利用中国期货市场监控中心查询系统作为期货公司向交易者发送交易结算报告、追加保证金通知等文件的主要通知方式。期货公司在每日结算以后，及时将交易者账户的交易结算报告、追加保证金通知等文件发送到中国期货市场监控中心。交易者登录中国期货市场监控中心查询系统，接收期货公司发出的交易结算报告、追加保证金通知等文件。

在这里，交易者需要注意的事项有四点。

一是由于中国期货市场监控中心查询系统对交易者日账单只保存6个月且在交易者销户以后，查询系统也会相应取消对交易者的查询服务，因此，交易者应当及时将接收到的结算报告或通知书打印或者下载保存。

二是由于中国期货市场监控中心查询系统与期货公司采用的交易结算系统不同，期货公司需要着重提示交易者注意相关文件在格式、公式、概念表达上的区别，以免对交易账户的状况产生误解，造成不必要的损失。

三是除采用中国期货市场监控中心查询系统作为主要通知方式外，双方还会在期货经纪合同中约定，期货公司采用辅助通知方式向交易者发送每日交易结算报告、追加保证金通知、单独调整保证金通知、与异常交易监控相关的通知或监管决定等文件。

四是期货公司还会与交易者约定采用网站公告、营业场所公告及其他方式向交易者发出除单独调整保证金之外的调整保证金通知。

当期货公司或者交易者要求变更通知方式的，应当及时书面通知对方，并经对方确认后方可生效。否则，由变更造成的通知延误或者损失均由变更方负责。

（二）确认及异议处理

1. 确认

交易者有义务随时关注自己的交易结果并妥善处理持仓，如果交易者因某种原因无法收到或者没有收到当日交易结算报告，应当于下一个交易日开市前约定的时间内告知期货公司，否则，视为交易者收到当日交易结算报告。交易者提出未收到交易结算报告的，期货公司应及时补发。

交易者在交易日开市前约定的时间内未对前日交易结算报告提出异议的，视为交易者对交易结算报告记载事项的确认。

2. 异议及处理

交易者提出异议的，异议应当由交易者本人或其授权的结算单确认人以书面方式（传真或当面提交）向期货公司提出，期货公司应当及时处理所收到的书面异议。

交易者对当日交易结算报告的确认，视为交易者对该日及该日之前所有持仓和交易结算结果、资金存取的确认。但由于期货公司原因导致交易结算报告的记载事项出现与实际交易结果和权益不符的，交易者的确认不改变交易者的实际交易结果和权益。对于不符事项，双方可以根据原始财务凭证及交易凭证另行确认。

交易者按照约定向期货公司提出异议的，期货公司应当根据原始指令记录和交易记录及时核实。当对与交易结果有直接关联的事项产生异议时，为避免损失的可能发生或者扩大，期货公司可以在收到交易者的异议时，将发生异议的持仓合约进行平仓或者重新执行交易者的交易指令。由此造成的损失由有过错一方承担。

经核实，交易结果不符合交易者交易指令，且期货公司有过错的，除交易者认可的情况外，期货公司应当在下一交易日闭市前重新执行交易者交易指令，或者根据交易者的意愿采取其他合理的解决办法，赔偿由此给交易者造成的直接损失。

（三）注意事项

期货交易实行当日无负债结算制度。交易者进行期货交易时，必须及时接收交易结算报告并进行确认，否则，就有可能影响自身权益。实践中，交易者因为未及时接收并认真审阅交易结算报告而导致权益受损的情况屡有发生。在通知和确认环节，交易者需要注意的事项主要有以下几点。

1. 务必及时接收并认真审阅交易结算报告。按照约定，期货公司会通过中国期货市场监控中心查询系统向交易者发送交易结算报告，同时按照约定采用辅助通知方式，如电子邮件、网上行情系统通知、手机短信、录音电话等，向交易者发送每日交易结算报告、追加保证金通知、单独调整保证金通知及其他相关文件。

实践中，部分交易者未能及时通过上述电子邮件、网上行情系统等途径，特别是中国期货市场监控中心查询系统，接收相关通知文件，或在接收后未能全面、认真审阅通知文件记载事项。例如，交易者往往通过交易软件查询交易盈亏，但容易忽视交纳的手续费，当发现一段时间内交纳的手续费总额过高，或手续费收取标准过高，向期货公司提出异议时，由于可提异议期限已过，交易结算报告记载事项已经不能更改。为此，交易者应当认真审阅交易结算报告，确认期货公司是否严格按照合同约定收取手续费，是否单方调整了收费标准，以防止被多收费、乱收费，避免出现手续费收取问题引发的纠纷。

2. 应当充分理解确认的含义及效力。在期货交易中，期货经纪合同载明，交易者应当在约定的时间内对前日交易结算报告提出异议，否则视为对该报告记载事项的确认，这些记载事项包括交易、盈亏、权益、手续费等重要事项。在这里，确认有三层含义，需要交易者特别注意：一是确认一经做出立即生效，不能反悔，也不能更改，这不同于日常生活中对某一事项确认后可以反悔；二是对交易结算报告未提出异议即视为对报告记载事项的确认，也就是说，交易者对报告记载事项有异议的，应当明确提出，不作任何表示的默示，视为确认；三是交易者对当日交易结算报告的确认，视为对该日及该日之前所有持仓和交易结算结果、资金存取的确认。因此，交易者应当及时、认真审阅交易结算报告记载事项，有异议的，应当按照约定提出。

3. 关注期货公司网站、营业场所等处公告。期货公司在经营过程中，会根据期货交易所规定、市场情况或自身经营需要，调整保证金收取比例、手续费收取标准等。这些重要事项一般会以期货公司网站、营业场所等处公告的方式通知全体交易者。鉴于这些公告的重要作用，交易者应当及时予以关注。但在实践中，不少交易者未及时进行关注，影响了实际交易，甚至与期货公司发生争议。因此，为了保证交易顺利进行，维护自身权益，交易者需要定期或不定期对期货公司公告进行查询和了解。

4. 交易者应当按照合同的约定变更通知方式。交易者需要变更通知方式的，应当及时书面通知期货公司，经过期货公司确认后，变更方可生效。否则，由于交易者单方变更造成的通知延误后果将由交易者本人承担。

七、风险控制及注意事项

交易者是期货交易收益与风险的直接承受者。由于期货交易具有高风险特点，风险控制成为交易者进行交易的关键内容之一。交易者在持仓过程中，应当随时关注自己的持仓、保证金和权益变化情况，并妥善处理自己的交易持仓，如果参与连续交易，还应当关注并合理控制连续交易时段的交易风险。

（一）强行平仓的相关规定

《期货和衍生品法》第四十一条第二款规定，“交易者的保证金不符合结算参与人与交易者约定标准的，结算参与人应当按照约定通知交易者在约定时间内追加保证金或者自行平仓；交易者未在约定时间内追加保证金或者自行平仓的，按照约定强行平仓。”

在交易过程中，期货公司作为结算参与人，用风险率（或者其他风险控制方式）衡量交易者期货交易的风险。风险率（或者其他风险控制方式）有不同的计算方法，一般在期货经纪合同中有明确约定。

期货公司统一计算交易者在不同期货交易所的未平仓合约风险。当交易者的风险率达到约定的数值时，期货公司将于当日交易结算报告中通知交易者追加保证金，交易者应当在下一交易日开市前及时追加保证金或者在开市后立即自行平仓。否则，期货公司有权对交易者的部分或全部未平仓合约强行平仓，直至交易者可用资金大于等于0。

在实践中，为了更好地控制风险，同时也为了保护交易者利益，很多期货公司采取盘中风险控制。双方一般在期货经纪合同中约定，在交易过程中，如果交易者保证金不足，期货公司可以要求交易者追加保证金或者在约定时间内自行平仓，否则即有权强行平仓。

（二）强行平仓的结果承担

当期货公司按照法律规定或者依照合同约定强行平仓时，交易者应当承担强行平仓的手续费及由此产生的后果。期货公司在采取强行平仓措施后，应当在事后及时将有关情况告知交易者。

只要期货公司选择的平仓价位和平仓数量在当时的市场条件下属于合理的范围，交易者不能以强行平仓的时机未能选择最佳价位和数量为由向期货公司主张权益。但如果期货公司不符合法律规定或者合同约定条件强行平仓并且有过错，除交易者认可的情况外，应当在下一交易日闭市前恢复被强行平仓的头寸，或者根据交易者的意愿采取其他合理的解决办法，并赔偿由此给交易者造成的直接损失。

由于市场原因导致期货公司无法采取强行平仓措施造成的损失由交易者承担。

另外，除了上述风险控制措施外，当有下列情形之一发生时，期货公司可以限制交易者期货账户全部或者部分功能：

(1) 交易者提供的资料、证件失效或者严重失实的;

(2) 期货公司认定交易者资金来源不合法，或者交易者违反反洗钱监管规定的;

(3) 交易者有严重损害期货公司合法权益、影响其正常经营秩序的行为;

(4) 交易者发生符合期货交易所异常交易认定标准的异常交易行为或者其他违规交易行为的;

(5) 期货公司应监管部门要求或者交易者违反法律、法规、规章、政策及期货交易所规则规定的其他情形。

(三) 注意事项

在风险控制环节，为了保护自身权益，避免由于自身原因导致被强行平仓，交易者应当注意以下几个问题。

1. 按照期货公司通知要求及时追加保证金。当交易者保证金不足时，期货公司会按照期货经纪合同的约定，向交易者发出追加保证金的通知。交易者接到通知后，应当及时追加保证金，切勿迟延等待，否则有可能被强行平仓。交易者不希望被期货公司强行平仓的，也可以告知期货公司并按照约定自行平仓。在此需要说明的是，根据最高人民法院《关于审理期货纠纷案件座谈会纪要》，期货公司实施强行平仓应尽通知义务。根据最高人民法院《关于审理期货纠纷案件若干问题的规定》中对于期货公司未履行通知义务，当行情向持仓不利的方向变化导致客户透支造成的扩大损失，期货公司应当承担主要责任。根据上述规定，强行平仓前的通知义务属于期货公司的法定义务。

2. 在途资金不属于有效入金。当交易者按照期货公司通知要求追加保证金后，最好及时请期货公司确认是否收到。交易者已追加保证金，但期货公司尚未收到时，即为资金在途，这种情况不属于有效入金，交易者仍然会因为未及时追加保证金而被强行平仓。

3. 期货公司以自身的保证金收取标准判断交易者保证金是否充足。当交易者保证金低于期货公司标准时，期货公司就会按照约定通知交易者追加保证金。实践中，有交易者误以期货交易所的保证金标准判断自身保证金是否充足，并由此与期货公司产生分歧。对此，交易者应当予以避免。

4. 在交易过程中，避免满仓操作，在账户中留有一定机动资金，并随时关注自身的持仓、保证金和权益变化情况，及时妥善处理自身的持仓，以应对行情剧烈波动造成保证金不足的情况，避免因为追加保证金不及时而被强行平仓。

八、交割、套期保值和套利

当前，自然人交易者不能参与商品期货交割。交易者参与交割的，应当按照期货交易所有关交割月份平仓和交割的相关要求进行平仓、现金交割、实物交割。在交割过程中，应当遵守期货交易所和期货公司的相关业务规则。

交易者参与交割不符合期货交易所或者期货公司相关业务规则规定的，期货公司有权不接受交易者的交割申请或对交易者的未平仓合约强行平仓，由此产生的费用和结果由交易者承担。

具体的交割通知、交割货款的交收、实物交付及交割违约的处理办法，依照相关期货交易所和期货公司的交割业务规则执行。

交易者如果申请套期保值头寸或套利头寸，应当按照期货交易所的相关规定向期货公司提供相应的文件或者证明，并对文件的真实性、合法性、有效性负责。期货公司应当协助交易者按照期货交易所规则申请套期保值头寸或套利头寸。套期保值头寸或套利头寸的确定以期货交易所的批准为准。

九、信息、培训、咨询及注意事项

期货市场的高风险性、专业性要求交易者具备一定的期货专业知识。交易者在进行期货交易过程中，期货公司应为其提供信息、培训与咨询服务。

期货公司应当在其营业场所或者网站上向交易者提供期货市场行情、

信息及与交易相关的服务，但提供的任何关于市场的分析和信息仅供交易者参考，不构成对交易者下达指令的指示、诱导或者暗示。交易者应当对自己的交易行为负责，不能以根据期货公司的分析或者信息入市为理由，要求期货公司对其交易亏损承担责任。

期货公司可以以举办讲座、发放资料及其他方式向交易者提供期货交易知识和交易技术的培训服务。交易者有权向期货公司咨询有关期货交易的事项，期货公司应当予以解释。

另外，交易者还应当及时了解期货监管部门及期货交易所的法律、法规和规则，并可以要求期货公司对上述内容进行说明。交易者也有权查询自己的原始交易凭证，了解自己的账户情况，期货公司应当给予积极配合。

有关期货公司期货从业人员的信息，交易者可以通过中国期货业协会网站（www. cfachina. org）进行查询。期货公司应当在其营业场所提供必要的设备，以便交易者登录中国期货业协会网站查询期货从业人员资格公示信息。在此需要指出的是，针对期货居间人根据《期货公司居间人管理办法（试行）》第十四条第五款规定：期货公司居间人不得“隐瞒重要事实或者进行误导性陈述，提供、传播虚假或者误导交易者的信息，夸大或者片面宣传投资业绩，向交易者作获利保证或者共担风险的承诺，诱使交易者进行期货交易”。

交易者需要注意的是，当前网上交易已经成为最普遍的交易方式。交易者在使用期货交易软件前，应当进行全面了解，遇到疑问时，可以向期货公司进行咨询。期货公司也需要向交易者介绍交易软件的功能或者给予必要的培训，以便交易者更好地开展期货交易。

十、费用及注意事项

（一）手续费标准及其确定

交易者参与期货交易，应当向期货公司支付期货交易和交割手续费。手续费的收取标准按照双方合同的约定执行。

当遇到新品种上市时，在操作层面，期货公司和交易者之间难以逐一协商一致，为此，期货经纪合同一般约定，期货公司应当按照合同约定的方式将新品种手续费收取标准通知交易者，交易者可以在收到通知之日起一定时间内与期货公司协商。如果交易者未提出协商请求，直接参与新品种交易，则视为同意期货公司通知的手续费收取标准。

（二）其他费用

除了上述手续费外，交易者还应当支付期货公司向期货交易所、结算机构代付的各项费用及税款。

（三）注意事项

手续费标准的确定、变更也是交易者需要高度重视的事项。在与期货公司协商确定、变更手续费时，交易者应当注意以下几个问题。

1. 在选择期货公司时，要比较各公司手续费收取标准，但不要一味追求低手续费。手续费是期货公司为交易者提供服务而收取的费用，是期货公司重要的利润来源之一，也是交易者参与期货交易的成本支出。由于期货交易采用 T+0 交易，交易者交易越频繁，手续费支出越多。如果交易者选择的期货公司手续费收取标准较高，相同交易频率下，交易者将支付更多的手续费。在比较极端的个案中，交易者交易亏损的很大一部分原因源于手续费支出。另外，也不建议交易者一味追求并选择低手续费的期货公司，还应当考虑期货公司的综合服务质量。合理收费是期货公司提供良好服务的保障，这些服务包括高素质的人员服务、专业的研发能力、技术设备的配套升级等。因此，交易者在与期货公司签订期货经纪合同前，应当综合了解行业手续费总体水平以及其他期货公司手续费收取标准，选择收费适宜的期货公司签订期货经纪合同。

2. 应当了解行业手续费变动情况，视需要向期货公司提出手续费调整的协商要求。当前，期货行业手续费收取水平不断变化，总体呈下降趋势。交易者与期货公司在期货经纪合同中确定手续费收取标准后，应当关注行业手续费变动情况，如果发现行业手续费收取水平已经明显低于此前合同约定的手续费标准，交易者可以视需要向期货公司提出手续费调整的协商要求。否则，交易者可能为此支付较高的交易成本。

3. 要经过双方协商一致后确定手续费标准，不要签署空白合同。手续费收取标准是期货经纪合同的重要事项之一，应当由交易者和期货公司协商确定。但在实践中，由于期货公司签署合同环节较多，往往由交易者先行签署，再交期货公司按照其内部流程完成签署。在这个过程中，有时出现交易者签署空白合同的情况，交易者只在合同尾部签字盖章，合同中其他空白处由期货公司统一填具。这种情况实质上等于减少了双方协商确定合同空白事项（含手续费收取标准）的过程，交易者完全同意由期货公司单方确定合同的全部内容。这种做法可能会使交易者支付过高的手续费，现实中也有这方面的案例和纠纷。因此，建议交易者不要签署空白合同。

十一、合同生效与变更

期货经纪合同经交易者和期货公司双方签字后（交易者为机构的，须加盖公章），于交易者开户资金汇入期货公司账户之日起生效。

在合同履行过程中，如果相关法律、法规、规章、政策及期货交易所规则发生变化，期货公司有权依照这些变化直接变更合同相关条款，变更或补充条款优先适用。期货公司对合同相关条款的变更或补充，以合同约定的通知方式及在期货公司营业场所、网站公告等方式向交易者发出，变更或补充内容发出后在约定的时间内生效。变更与补充内容生效之前，交易者有权与期货公司进行协商。

除了上述变更情形外，如需变更或者补充合同，需要交易者和期货公司双方协商一致并签订书面变更或者补充协议。变更或者补充协议经期货公司授权的代表签字、加盖期货公司公章，交易者或者其授权代理人签字盖章后生效。变更或补充协议优先适用。

此外，在合同履行过程中的未列明事宜，应当按国家有关法律、法规、规章、政策及相关期货交易所的规则、期货公司相关业务规则以及期货交易惯例处理。

十二、合同终止与账户清算

期货经纪合同属于行纪合同，以双方信任为存在的条件。期货公司、交易者均有权随时解除合同，合同的解除对已发生的交易无溯及力。同时，按照《民法典》的规定，一方因解除合同给对方造成损失的，除不可归责于该当事人的事由以外，应当赔偿损失。

一般来说，按照期货经纪合同约定，期货公司向交易者提出解除合同的，应当提前以书面形式通知交易者。交易者未在此期间内自行清理账户的，期货公司有权拒绝交易者的新单交易指令及资金调拨指令，交易者应当对其账户清算的费用、清算后的债务余额以及由此造成的损失负全部责任。

交易者可以通过撤销账户的方式终止合同。但在以下情形下，交易者不得撤销账户：

（1）交易者账户上持有未平仓合约或存在交割遗留问题尚未解决；

（2）交易者与期货公司有未清偿的债权、债务关系；

（3）交易者与期货公司有交易纠纷尚未解决。交易者撤销账户终止合同的，应当办理书面销户手续。

在实践中，有期货公司为了经营管理的需要，在合同中约定交易者终止合同的，应当办理书面销户手续，对此，交易者需要予以配合。

另外，期货公司因故不能从事期货业务时，应当采取必要措施妥善处理交易者的持仓和保证金。经交易者同意，期货公司应当将交易者持仓和保证金转移至其他期货公司，由此产生的合理费用由期货公司承担。

十三、免责条款及注意事项

期货经纪合同都包含了免责条款，这些免责条款通常包括以下几个方面。

1. 因地震、火灾、战争等不可抗力因素导致的交易中断、延误等，期货公司不承担责任，但应当在条件允许的范围内采取一切必要的补救措施以减少因不可抗力造成的损失。

2. 因国家有关法律、法规、规章、政策或者期货交易所规则的改变、紧急措施的出台等导致交易者所承担的风险，期货公司不承担责任。

3. 因通信系统繁忙、中断，计算机交易系统故障，网络及信息系统故障，电力中断等原因导致指令传达、执行或行情出现延迟、中断或数据错误，期货公司没有过错的，不承担责任。

4. 因互联网上黑客攻击、非法登录等风险的发生，或者用于网上交易的计算机或移动终端感染木马、病毒等，给交易者造成的损失，期货公司不承担责任。

交易者在签署期货经纪合同前，应当认真阅读并理解免责条款，妥善考虑是否承担以上风险后再签署期货经纪合同。

十四、争议解决及注意事项

当交易者与期货公司因期货经纪合同的履行而产生争议时，可以采取协商、调解、仲裁、诉讼等多种途径解决。

凡因期货经纪合同引起的或与之有关的任何争议，期货公司、交易者双方可以自行协商解决或申请调解，协商或调解不成的，可以提请仲裁或者提起诉讼，也可以直接提请仲裁或者提起诉讼。

在期货公司提供的期货经纪合同中，一般预先对仲裁机构和管辖法院进行了约定。

在这里，交易者需要注意以下几点。

1. 交易者与期货公司决定通过调解解决争议的，应当选择适合的调解机构。社会上，调解机构数量众多，由于解决期货纠纷需要具备较高的专业性，建议选择期货行业调解机构进行调解。目前，中国期货业协会已经建立起行业纠纷调解机制，接受调解申请。

2. 对仲裁机构和管辖法院的选择直接关系着交易者的仲裁或诉讼的便

利性和成本。实践中，有期货公司在期货经纪合同中约定，由其住所地或者其他地区仲裁机构和法院管辖双方纠纷。如果交易者的住所地或者经常居住地与约定的仲裁机构和法院所在地不一致，这种约定将对交易者参加仲裁、诉讼带来极大不便并需要交纳较高的成本。对此，交易者在签订期货经纪合同时应当予以注意，必要时可以与期货公司进行协商修改。

第八章　期货经纪业务中交易者可能遇到的常见问题及处理

交易者在参与期货经纪业务时，经常会遇到这样或那样的问题，本章列举并分析了交易者可能遇到的一些常见问题，供交易者参考。

问题1：交易者可以借用他人名义开户吗？有什么危害？

答：当前，无论是从法律规定的角度，还是从资金及交易安全的角度，交易者都不能也不宜借用他人名义开户。

在法律规定方面，《期货和衍生品法》第十八条规定，期货交易实行账户实名制。交易者进行期货交易的，应当持有证明身份的合法证件，以本人名义申请开立账户。任何单位和个人不得违反规定，出借自己的期货账户或者借用他人的期货账户从事期货交易。按照中国证监会《期货市场客户开户管理规定》（以下简称《规定》）第九条规定，交易者开立期货账户应当符合法律、行政法规及中国证监会的有关规定，遵守实名制的要求，具体包括：

（1）交易者为个人的，应当本人亲自办理开户手续，签署开户资料，不得委托代理人代为办理开户手续，个人的有效身份证明文件为居民身份证；

（2）交易者为单位的，应当出具单位的授权委托书、代理人的身份证和其他开户证件；

（3）期货经纪合同、期货结算账户中交易者姓名或者名称应与其有效身份证明文件中的姓名或者名称一致；

（4）在期货经纪合同及其他开户资料中真实、完整、准确地填写交易者资料信息。

同时，该《规定》还要求，期货公司应当对交易者进行实名制审核，期货公司要采集并保存交易者影像资料，不得与不符合实名制要求的交易者签署期货经纪合同，也不得为未签订期货经纪合同的交易者申请交易编码。

此外，现行法律法规从反洗钱的角度也要求交易者以真实身份开户。这方面的规定有《反洗钱法》第十六条、《金融机构反洗钱规定》第九条、《金融机构客户身份识别和客户身份资料及交易记录保存管理办法》第十一条等。期货公司如果发现交易者借用他人名义开户，有可能认定其为有洗钱嫌疑并上报中国人民银行导致投资者可能被追究洗钱的法律责任。

其实，借用他人名义开户不但被法律禁止，还可能给名义借用人（交易者）、名义出借人（他人）带来潜在的风险，产生经济纠纷。在名义借用人（交易者）方面，借用他人名义开户交易，当交易盈利时，名义出借人（他人）可能对交易盈利主张权利，导致名义借用人（交易者）不能取得该盈利。同时，如果名义出借人（他人）与第三人存在经济纠纷，其账户资金、持仓可能会被第三人依法申请查封或冻结，也就是说，借用他人名义开户交易，对名义借用人（交易者）的资金和交易盈利都是不安全的。在名义出借人（他人）方面，当出现穿仓时，如果名义借用人（交易者）不承认该账户为其所有，名义出借人（他人）将很可能最终承担穿仓损失。

问题 2：交易者委托他人从事期货交易有什么风险？

答：委托他人从事期货交易就是通常所说的全权委托，也称代客理财，具体是指交易者委托他人代为决定交易指令的内容。当前，期货市场中相当一部分纠纷是由全权委托引起的。这是因为在全权委托过程中，受托人可能会为了自身利益，如赚取佣金、提成等，出现频繁交易、隐瞒交易结果等行为，从而损害交易者权益。实践中，经常遇到交易者不遵守合同约定私下全权委托期货公司工作人员引发的纠纷，以及交易者全权委托居间人引发的纠纷。下面结合常见的全权委托行为，分别说明交易者可能面临的风险。

交易者全权委托期货公司工作人员进行期货交易，根据法律法规规定是被禁止的，而且期货公司一般也会在合同中约定，交易者不得全权委托期货公司及其工作人员进行期货交易。但在实践中，个别期货公司工作人员为了获得提成和业绩奖励，增加收入，在开发客户和提供后续服务过程中，主动劝诱或迎合交易者需求，接受交易者全权委托，为其从事期货交易，部分交易者为了获得期货交易的高收益，寻求对期货公司工作人员进行全权委托。

关于全权委托居间人进行期货交易。居间人是向交易者或期货公司提供订约机会或者订立期货经纪合同中介服务的自然人。根据《期货公司居间人管理办法（试行)》第十四条第二款规定，禁止居间人接受交易者委托，代理交易者从事期货交易，或者代理交易者办理账户开立、销户、结算签字、资金存取、划转、查询等事宜。实践中，居间人一般由期货公司支付报酬，居间人报酬多少与交易者开户后的交易量呈正相关关系。在个别情况下，部分交易者对居间人盲目信任，甚至产生依赖，主动或在居间人的劝诱下全权委托居间人从事期货交易，从而造成账户资金亏损。

另外，也有交易者全权委托其他人员进行期货交易。这类行为是法律允许的。如果交易者确需全权委托他人进行期货交易，应当注意以下几点：(1）慎重选择受托人，了解受托人过往交易的收益情况及其为人和道德品质；(2）与受托人签订书面的委托书，确定受托人的代理权限、时限等事项；(3）注意保护个人隐私，不要将身份证原件、银行卡等证件及关键账户的账号密码交由受托人保管。

交易者在全权委托他人进行期货交易过程中，违规的期货公司工作人员、居间人以及其他受托人都有可能为了牟取自身利益，借机通过频繁交易“炒单”，增加交易者的交易量，获取佣金提成，同时对交易者盈亏状况不加关心，往往到最后给交易者造成很大亏损，侵害交易者权益；也有人在接受委托后通过对敲方式转移交易者资金；还有人因为水平不高，给交易者带来较大的交易亏损。为此，交易者在全权委托他人进行期货交易时，一定不要委托期货公司工作人员和期货居间人，要密切关注其他受托人员的交易过程，及时登录中国期货市场监控中心网站查询交易结果，了解账户资金、盈亏、持仓和交易情况，切不可不闻不问，防止受托人通过对敲转移资金、恶意炒单、隐瞒交易结果等手段侵害自身权益。

问题3：交易过程中，交易软件、交易系统发生故障应当怎么办？

答：当前，网上交易已经成为最主要的指令下达方式，但由于存在一些难以预见、难以避免、难以克服的技术性因素，网上交易软件、交易系统故障偶有发生。这类故障发生后，为了降低自身交易风险，妥善处理与期货公司可能产生的纠纷，交易者应当及时采取措施保障交易顺利进行，收集并保留证据以便处理后续纠纷。

在保障交易顺利进行方面，由于期货交易具有高风险特点，期货公司在期货经纪合同中与交易者约定了多种指令下达方式，包括互联网下达（网上交易）、通过电话下达、以书面方式下达等。其中，在互联网下达方式中，期货公司还按照中国证监会、中国期货业协会等的要求向交易者提供备用下单通道。因此，当网上交易故障时，交易者应当及时选择期货公司提供的备用下单通道、电话、传真、书面等方式下达指令，确保交易顺利进行。

由于网上交易故障会不可避免地影响交易者交易，极易引发交易者与期货公司之间的纠纷。作为认定事实，分清责任的基础，收集并保存证据就显得非常重要。与网上交易故障有关的证据有很多，重要的如交易记录、通话录音、双方沟通信件、软件或者系统的故障提示、系统或故障状态照片等。交易者在收集整理证据时要注意收集直接来源于案件事实的原始证据、能单独直接证明案件主要事实的直接证据，同时力求证据的完整性和关联性。证据的缺失或者证明力不足往往无法使交易者的合理诉求得到满足。交易者可以阅读有关民事诉讼法的条文和书籍，进一步了解民事证据的相关知识。

另外，需要说明的是，网上交易故障可能是软件导致的，也可能是硬件导致的，还有可能是通信线路或系统导致的，加之期货公司交易软件多由第三方软件公司提供，当网上交易故障发生后，往往难以准确、及时地找出原因，理清争议事实，分清责任。因此，交易者签订期货经纪合同时，应当认真听取或向期货公司了解有关网上交易的风险，掌握网上交易故障的处理方法，真正理解和评判期货公司在这方面的免责条款。在开始网上交易前，还应当详细了解软件的功能特点，进行模拟交易练习。在网上交易故障发生后，本着务实的态度，和期货公司进行充分沟通，尽量和解或调解，达成双方都能接受的解决方案。如果达不成和解或调解协议，可以考虑通过仲裁或者诉讼解决争议。

总的来说，事先做好防范工作的重要性远远大于事后举证索赔。交易者应当做好准备工作，尽量避免网上交易故障，做好应急准备，防患于未然。

问题 4：交易者发现密码遗失或者被盗应当怎么办？

答：在期货交易中，交易者经常使用的密码包括在期货公司设置的交易密码、在银行设置的资金密码、在中国期货市场监控中心设置的查询密码等。通常所说的密码遗失或者被盗，主要是指交易密码。交易密码一旦遗失或者被盗，不法分子就有可能通过对敲的方式将交易者账户资金转移至其控制的账户中，造成交易者的损失。

交易者发现交易密码遗失或者被盗，应当及时联系期货公司查看账户的情况，办理密码重置。在尚未办理密码重置前，可以向期货公司申请采取将账户交易权限冻结等措施，密码重置后，交易者应当立即登录系统修改密码并妥善保管。

在期货交易中，账户和密码是期货公司、银行、中国期货市场监控中心等识别交易者身份的基础，涉及交易者交易账户的安全性，验证密码后下达的交易指令或者任何操作均视为交易者本人操作，由交易者本人承担责任。密码遗失或者被盗应当及时挂失，这是一个常识。但在实践中，仍然有交易者在密码被盗或不慎遗忘时没有及时挂失，导致本人资金、持仓被划转或者处理，造成不必要的损失，或者影响交易顺利进行。因此，交易者应当提高安全意识，谨慎保管自己的账号和密码，避免使用证件号码、生日等简单数字作为期货交易相关密码，同时应不定期修改密码，警惕网络木马、病毒等黑客程序，注意将账户委托他人交易的风险，避免由于管理不善被不法分子套取或者盗取，造成自身经济损失。

问题5：交易者账户在什么情况下会被认定为休眠账户？被认定为休眠账户还可以正常交易吗？

答：按照中国证监会发布的《期货市场客户开户管理规定》，休眠账户是指截至休眠认定日，同时符合开户时间一年以上、最近一年以上无持仓、最近一年以上无交易（含一年）、休眠认定日结算后客户权益在1000元人民币以下（含1000元）四个条件的账户，或者在2009年9月1日前直接通过期货交易所开立交易编码，但是客户资料不完整或者关键信息不准确的账户。

交易者账户被认定为休眠账户并进行休眠处理后，即被限制开新仓的交易权限。对于未纳入统一开户系统的休眠账户，交易者需要通过该账户进行正常交易时，可以向期货公司申请，按照“先规范、后激活”两个步骤进行操作，将其转为非休眠账户。休眠账户激活成功后的下一个交易日即可进行交易。对于纳入统一开户系统的账户，交易者可以直接激活、使用。

交易者休眠账户的认定和处理是进一步加强期货市场账户规范和管理的主要工作之一。账户规范工作使期货市场实名制和统一开户等基础制度最终得到全面和彻底的落实，能够有力打击分仓、市场操纵等违法违规行为，加强期货市场监察和分析工作的有效性，为建设行业诚信打好基础，同时节约系统资源、提高市场运行效率，提高期货市场统计数据的使用价值，也是维护“三公”原则，切实保障交易者合法权益的重要举措。交易者应当正确认识，以认真负责的态度，积极配合期货公司做好休眠账户的认定和处理工作。

问题6：什么是配资交易？交易者参与配资交易有什么风险？

答：期货市场中的“配资”，即配资公司等市场主体为一些有资金需求的期货交易者提供融资服务。通常的操作方法是，配资公司以其控制的个人名义在期货公司开立期货交易账户，并将账户提供给交易者使用，交易者存入自有资金，配资公司以此为基数，向交易者进行配资，配资公司在交易过程中对交易者交易账户实施风险控制，亏损达到一定比例时对其进行平仓或要求其追加保证金，以保证配资公司自身资金不受损失，同时收取高额资金使用费。期货配资平台往往以个人的名义开立收款账户，交易者与该个人签署借款协议并将钱汇至约定的汇款账号后，平台按照约定的配资比例在其开立的期货账户中进行操盘，以此规避监管。配资公司的上述行为，违反了开户实名制的相关规定。

对于交易者来说，由于在配资业务中，资金被配资公司控制，其安全性难以得到保障；同时，配资相当于借钱从事期货交易，进一步放大了杠杆比例，加大了交易者财务风险。配资业务中客户资金被配资公司控制，交易者资金安全隐患加大；配资公司多属于超范围经营，一旦配资业务出现纠纷，交易者的权益难以得到合理保障；一些期货配资平台无固定的营业场所，更有甚者收到投资人的资金后会卷款跑路，严重损害交易者的利益。因此配资业务在给交易者带来资金安全风险的同时，也在一定程度上影响了期货市场的正常经营秩序。从目前了解的情况看，配资公司经工商管理部门核定登记的范围多为投资咨询、投资管理或管理咨询等，并未取得任何金融业务许可牌照，涉嫌超越经营范围从事资金借贷业务。为了保护交易者合法权益，防范配资业务扰乱期货市场秩序，早在2011年，中国证监会办公厅就发布了《关于防范期货配资业务风险的通知》，要求期货公司严把开户关，不得从事或参与配资业务，及时报告配资账户运转情况，加强异常交易行为监控，做好期货交易者教育工作。2019年11月最高人民法院发布《全国法院民商事审判工作会议纪要》，在强调场外配资违法性的基础上，明确了场外配资合同属于无效合同，场外配资参与者应自行承担相关风险和责任。

问题7：期货公司会在什么情况下调整保证金标准？调整保证金标准需要交易者同意吗？

答：按照期货经纪合同约定，期货公司调整保证金标准可以分为普遍调整和单独调整两类，普遍调整是期货公司面向全体交易者统一调整保证金收取标准，单独调整则是面向某一具体的交易者进行调整。一般来说，期货交易所调整保证金标准、期货市场情况发生变化或者期货公司认为必要时，期货公司会普遍调整保证金收取标准，并以公告或通知方式向全体交易者发出；当期货公司认为某一交易者持有的未平仓合约风险较大时，会针对该交易者单独调整保证金标准，并向其单独发出通知。在实际交易中，期货交易所调整保证金标准是期货公司调整保证金标准最常见、最主要的原因。

调整保证金标准直接关系到交易者交易的可用资金、账户风险率、交易结算结果等重要事项。按照《最高人民法院关于审理期货纠纷案件若干问题的规定》和期货经纪合同约定，期货公司调整保证金应当通知交易者。对于期货公司调整保证金的具体标准，法律法规没有明确规定。期货公司往往在期货交易所保证金标准基础上，根据市场情况、自身风险控制需要、交易者风险状况等，综合考虑确定保证金收取标准。

对此，交易者应当及时了解期货公司保证金标准调整情况，关注自己的持仓、保证金和权益变化情况，妥善处理自己的交易持仓，避免因为保证金标准上调导致保证金不足，以及追缴保证金不及时而被强行平仓。

问题8：为什么期货公司有时会在集合竞价阶段进行强行平仓？

答：实践中，期货公司较少在集合竞价阶段对交易者强行平仓。只有当交易者在当日开市前未能按照期货公司上一交易日结算后的通知要求及时补足保证金，导致保证金严重不足，为了控制风险，防止透支或穿仓，期货公司有时会在集合竞价阶段对交易者进行强行平仓。一般情况下，期货公司会在开市后的连续竞价阶段对交易者进行强行平仓。

按照《期货和衍生品法》第四十一条第二款规定：“交易者的保证金不符合结算参与人与交易者约定标准的，结算参与人应当按照约定通知交易者在约定时间内追加保证金或者自行平仓；交易者未在约定时间内追加保证金或者自行平仓的，按照约定强行平仓。”至于追加保证金或自行平仓的时间，《期货和衍生品法》没有明确规定，而是由期货公司和交易者双方自由协商。实践中，期货公司一般参考中国期货业协会《〈期货经纪合同〉指引》第四十四条内容，与交易者约定风险控制措施。第四十五条内容为“乙方应当在下一交易日开市（含集合竞价）前及时追加保证金或者在开市后立即自行平仓。否则，甲方有权对乙方的部分或全部未平仓合约强行平仓，直至乙方可用资金≥0”。

问题9：交易者在下一交易日进行交易或出入金后，还能对以前交易提出异议吗？

答：这种情况下，交易者不能再对以前的交易提出异议。

这是因为按照《最高人民法院关于审理期货纠纷案件若干问题的规定》第二十七条、中国证监会《期货公司监督管理办法》第六十八条，以及期货交易所交易及结算规则的规定，期货公司一般在期货经纪合同中与交易者约定，交易者在下一交易日开市前一定时间内未对前日交易结算报告提出异议的，视为交易者对交易结算报告记载事项的确认，即对该日及该日之前所有持仓和交易结算结果、资金存取的确认。如果交易者在下一交易日进行交易或出入资金，就意味着交易者已经进行了确认，不能再对以前的交易提出异议。在法律上，交易者有权提出异议的期间属于除斥期间，一旦超过，该期间交易者就无权再提出异议。交易者应当关心交易结果，及时审查结算通知，发现问题后应当在第一时间向期货公司提出，这既是保护自身权利的需要，也有利于维护正常交易秩序。

在此，提示交易者几点内容：一是在每个交易日结束后及时查询当日交易情况；二是在签署期货公司提供的交易结算报告时，要经确认无误后再签字；三是在发现交易结算报告记载事项与自己记忆存在差异，或有其他异常时，应当及时按照合同约定向期货公司提出。

问题10：什么情形下可以解除期货经纪合同？

答：期货经纪合同属于行纪合同，依据《民法典》的规定，行纪合同的当事人如果协商一致，或者约定的情形出现时，可以解除行纪合同。如果因不可抗力、一方违约等情形，符合合同法定解除事由的，可以单方解除合同。

实践中，中国期货业协会《〈期货经纪合同〉指引》第十二节规定了期货经纪合同的终止情形：第七十二条规定，“甲乙双方均有权随时解除本合同，合同的解除对已发生的交易无溯及力。”第七十三条规定“甲方向乙方提出解除合同的，应当提前______天以书面形式通知乙方。乙方未在此期间内自行妥善处理持仓及资金的，甲方有权拒绝乙方的新单交易指令及资金调拨指令，乙方应对其账户清算的费用、清算后的债务余额以及由此造成的损失负全部责任。”第七十四条对交易者的解除权进行了细化，表述为“乙方可以通过撤销账户的方式终止本合同。但在下列情况下，乙方不得撤销账户：（一）乙方账户上持有未平仓合约或存在交割遗留问题尚未解决；（二）乙方与甲方有未清偿的债权、债务关系；（三）乙方与甲方有交易纠纷尚未解决的。乙方撤销账户终止本合同的，应当办理书面销户手续”。

作为合同义务，交易者和期货公司双方应当本着诚实信用的原则，共同办理期货经纪合同解除过程中各项手续及事宜。从当前情况看，解除合同一般由交易者主动提出，期货公司很少单方解除。

问题 11：自然人交易者为什么不能持仓进入交割月？为什么会在交割月前最后一个交易日被强行平仓？

答：自然人交易者不能参与交割是针对商品期货而言的，对于股指期货、国债期货两个金融期货品种，自然人交易者可以参与交割。在商品期货交易中，自然人交易者不能参与交割是由商品期货交割的性质和特点决定的。商品期货交割过程涉及增值税发票的交付和接收，自然人不能办理相关增值税发票。因此，期货交易所不允许自然人交易者参与交割。这在《上海期货交易所交割细则》《郑州商品交易所期货交割细则》《大连商品交易所交割细则》《广州期货交易所交割管理办法》中都有体现。当前，上海期货交易所、郑州商品交易所、大连商品交易所、广州期货交易所的交割细则对此均有明确规定。其中，《上海期货交易所交割细则》（2020年8月18日）第四条中规定“某一期货合约最后交易日前第三个交易日收盘后，自然人客户对该期货合约的持仓应当为0手。自最后交易日前第二个交易日起，对自然人客户的交割月份持仓直接由交易所强行平仓”。《郑州商品交易所期货交割细则》（2019年4月29日）第六条中规定“进入交割月前，不得交割的客户应当将交割月份的相应持仓予以平仓。自进入交割月第一个交易日起，自然人客户不得开新仓，交易所有权对自然人客户的交割月份持仓予以强行平仓”。《大连商品交易所交割细则》（2018年12月28日）第四条中规定“个人客户持仓和焦炭、焦煤、铁矿石、黄大豆2号非交割单位整数倍持仓不得交割。自交割月份第一个交易日起，交易所对个人客户交割月份合约的持仓予以强行平仓”。对于交易者来说，应当知晓期货交易所有关交割的业务规则，提前处理持仓，避免因违反交割规则而被强行平仓，遭受不必要的损失。《广州期货交易所交割管理办法》（2022年7月27日）第五条规定，“适用实物交割的品种，在最后交易日闭市后的持仓，以实物交割的方式履约。自然人客户，不能接收或者开具增值税发票的单位客户，不具备相应品种生产、经营式使用资质的单位客户不允许交割”。

问题12：交易者与期货公司确定手续费收取标准后，期货公司会依据行业手续费整体水平进行调整吗？

答：手续费收取标准是期货公司为交易者提供服务的价格，需要由双方协商，并通过期货经纪合同予以确定。除非交易者同意或追认，期货公司不能依据行业手续费整体水平进行单方调整合同已经确定的手续费收取标准，否则即为违约。

需要说明的是，当前，期货行业手续费标准整体呈下降趋势，期货公司在营销过程中为了吸引交易者，会根据自身需要调整手续费收取标准，调整方式和幅度包括：

（1）根据市场和期货交易所的下调幅度，同幅度下调；

（2）根据本公司在市场中的费率水平，根据需要做出适当的调整，调整幅度一般不高于期货交易所调整部分；

（3）不进行统一调整，而是根据交易者的条件和情况，与交易者进行具体协商之后，对少部分符合条件的交易者调整手续费。对此，交易者应当明确期货公司调整手续费面向的是全体交易者，还是新的增量交易者。实践中，很多期货公司采用“新老划断”的做法，即对存量老客户维持原有手续费收取标准，对增量新客户采用新的调整后的手续费收取标准，以实现维持盈利、扩展市场份额的双重目标。

为了维护自身权益，建议交易者在与期货公司签订期货经纪合同前，综合比较不同期货公司的手续费水平和服务水平，做到心中有数。在签订合同时，对手续费收取标准这一重要事项，与期货公司进行充分协商，并在合同中具体写明，避免签署空白合同。在合同履行过程中，还应当随时关注行业手续费标准变动情况，当发现行业手续费标准朝有利于自身的方向变动时，可以与期货公司协商，调整手续费收取标准。

问题 13：对于合同签订后新上市品种，期货公司如何确定手续费收取标准？

答：对于新品种手续费相关事宜，期货公司一般采取事先公告、事后由交易者确认的方式来确定。

近年来，期货行业快速发展，新品种不断推出，新品种的手续费收取标准的确定方式以及收取标准的高低，成为交易者和期货公司共同关心的问题。

从规范的角度来说，新品种手续费收取标准作为期货公司提供服务的价格，应当由交易者和期货公司双方协商，达成一致后，以书面合同的方式予以确定。但在实践中，期货公司面对数量众多的交易者，难以通过逐一协商的方式与已有的交易者约定新上市品种的手续费收取标准。对于这一问题，期货公司一般通过事先公告、事后由交易者确认的方式予以解决，即期货公司在新品种上市交易前通过公司网站、交易系统、中国期货市场监控中心查询系统公告等方式，向全体交易者告知新品种的手续费收取标准。交易者参与新品种交易且没有提出异议的，视为接受期货公司公告的标准。这一方式高效快捷，也符合法律法规的有关规定。如果交易者提出异议，则根据双方期货经纪合同有关合同变更的条款，由双方协商达成一致后对合同相关内容进行修改。

其实，期货公司在设定新品种手续费收取标准时，一般已经考虑了期货交易所手续费收取标准和整个市场的手续费水平，因此，由期货公司事先公告、由交易者事后确认的方式确定新上市品种手续费的做法，已经被大多数交易者接受。

问题 14：为什么有的交易者被期货交易所认定存在异常交易？

答：为了保障期货市场平稳、规范、健康运行，遏制过度交易，打击期货市场中的各类违法违规行为，保护交易者合法权益，各期货交易所在中国证监会的指导下，开展了异常交易的认定及处理工作。当交易者在期货交易中出现自成交、频繁报撤单、大额报撤单、实际控制关系账户合并持仓超限等行为，达到了期货交易所规定的异常交易认定标准时，就会被认定为存在异常交易，受到处理。

各期货交易所根据自身交易规则和业务制度制定了相关的管理办法、监管标准和处理程序。不同期货交易所的规定内容大致相同。以上海期货交易所为例，其2021年11月26日发布的《上海期货交易所异常交易行为管理办法》明确了异常交易的内容、认定标准、处理程序等，可依此开展对异常交易的处理工作。按照上海期货交易所规定，期货交易出现以下情形之一的，交易所认定为异常交易行为：

（1）以自己为交易对象，多次进行自买自卖的行为（自成交）；

（2）一组实际控制关系账户内的客户之间多次进行相互为对手方的交易；

（3）日内出现频繁申报并撤销申报，可能影响期货交易价格或者误导期货市场其他参与者进行期货交易的行为（频繁报撤单）；

（4）日内出现多次大额申报并撤销申报，可能影响期货交易价格或者误导期货市场其他参与者进行期货交易的行为（大额报撤单）；

（5）单个交易日在某一上市品种或者期货合约上的开仓交易数量超过交易所规定的日内开仓交易量的；

（6）采取程序化交易方式下达交易指令，可能影响交易所系统安全或者正常交易秩序的行为；

（7）中国证监会规定或者交易所认定的其他情形。

当客户出现上述行为时，期货交易所将视情形采取以下措施：

（1）要求报告情况；

（2）列入交易所重点关注名单；

（3）向会员通报；

（4）约见谈话；

（5）限期平仓；

（6）限制开仓；

（7）强行平仓；

（8）根据交易所业务规则可以采取的其他措施。

因此，交易者在交易过程中，应当正确认识异常交易，了解期货交易所有关异常交易的规定，避免出现异常交易行为，在维护期货市场正常交易秩序的同时，加强对自己的保护。

问题 15：什么是实际控制关系账户？交易者为什么要进行实际控制关系账户申报？

答：上海期货交易所、郑州商品交易所、大连商品交易所、中国金融期货交易所、广州期货交易所分别发布了有关实际控制关系账户的规范性文件。5 家期货交易所对实际控制关系账户界定虽有不同，但是相差不多。下面以上海期货交易所为例进行说明。按照《上海期货交易所实际控制关系账户管理办法》（2021 年 11 月 26 日新修订发布）规定，实际控制是指行为人（包括个人、单位）对他人（包括个人、单位）期货账户具有管理、使用、收益或者处分等权限，从而对他人交易决策拥有决定权或者重大影响的行为或事实。

上海期货交易所根据实质重于形式的原则，当出现下列情形之一的，认定行为人对他人期货账户的交易具有实际控制关系：

（1）行为人作为他人的控股股东，即行为人的出资额占他人资本总额 50% 以上或者其持有的股份占他人股本总额 50% 以上的股东，出资额或者持有股份的比例虽然不足 50%，但依其出资额或者持有的股份所享有的表决权已足以对股东会、股东大会的决议产生重大影响的股东；

（2）行为人作为他人的开户授权人、指定下单人、资金调拨人、结算单确认人或者其他形式的委托代理人；

（3）行为人作为他人的法定代表人、主要合伙人、董事、监事、高级管理人员等，或者行为人与他人的法定代表人、主要合伙人、董事、监事、高级管理人员等一致的；

（4）行为人与他人之间存在配偶关系；

（5）行为人与他人之间存在父母、子女、兄弟姐妹等关系，且对他人期货账户的日常交易决策具有决定权或者重大影响；

（6）行为人通过投资关系、协议、融资安排或者其他安排，能够对他人期货账户的日常交易决策产生决定权或者重大影响；

（7）行为人对两个或者多个他人期货账户的日常交易决策具有决定权或者重大影响；

（8）中国证监会规定或者交易所认定的其他情形。

因此，要求交易者申报实际控制关系账户的原因是为了加强对期货市场的一线监管，遏制过度投机，打击违法违规行为，保护交易者合法权益，维护期货市场的平稳健康运行。

问题 16：交易者反映开户过程中抄写、签字等环节过多，能不能简化？

答：不能简化。这主要是为了向交易者充分揭示风险，提示其审慎入市。

期货交易具有高风险特点，期货交易的亏损会给交易者，特别是中小交易者带来经济和生活上的压力，甚至影响身心健康。但在实践中，部分交易者对这一点认识不足。在签署期货经纪合同时设置抄写、签字环节，有助于提示交易者逐字逐句地认真阅读并理解合同的全部内容，更加充分地了解期货交易风险，知晓期货交易的流程和合同双方的权利义务，审慎入市，对交易者起到保护作用。

同时，这一要求有助于期货公司向交易者全面说明期货交易所和期货公司的交易规则，充分揭示期货交易风险。在规范期货从业人员行为方面，也能够在一定程度上避免市场营销人员为谋取个人利益，进行模糊宣传，减少不必要的纠纷。中国期货业协会在《〈期货经纪合同〉指引》中设置了客户抄写、签字的具体格式要求。

问题17：交易者如何看待网络、报刊、电视、即时通信工具等媒体的期货行情评论？

答：交易者对这些行情评论应当审慎分析、鉴别，了解其合法性、合理性和有效性，结合自身情况进行使用。

信息是期货交易的基础之一。交易者依据信息做出判断并决定交易指令。对信息的了解、分析、运用直接关系到交易者的交易决策。当前，虽然网络、报刊、电视、即时通信工具等媒体的期货行情评论数量众多、内容各有侧重，但是水平良莠不齐，基础信息来源不明，背后动机也难以判断。因此，交易者一定要确认发布评论的机构和人员是否合法、规范，同时在分析、比较、鉴别的基础上，能够进行独立、审慎的判断，切不可盲目相信，完全依赖，从而给自己造成难以挽回的损失。

为了保护交易者合法权益，规范各种咨询行为，中国证监会发布了《期货公司期货投资咨询业务办法》，其中第三条规定："期货公司从事期货交易咨询业务，应当经中国证监会批准取得期货交易咨询业务资格；期货公司从事期货交易咨询业务的人员应当符合相关从业资格。未取得规定资格的期货公司、不符合相关从业条件的人员不得从事期货交易咨询业务活动。"此外，2020年证监会联合其他部委发布了《关于进一步规范金融营销宣传行为的通知》，进一步规范市场主体金融营销宣传行为，保障交易者合法权益，促进金融行业健康平稳发展。建议交易者对上述各项规定的内容做必要的了解，以便更好地进行自我保护。

问题18：当日平仓盈利在结算完成前为什么不能出金？

答：这主要是为了防止交易者在密码泄露后，被人通过对敲的方式转移资金，从而保障交易者资金安全。

为了加强对交易者合法权益保护，2013年7月17日，中国证监会发出的《关于加强期货公司内部控制保护客户资金安全有关问题的通知》

（以下简称《通知》）中指出："近期，期货市场连续发生多起通过对敲转移交易者资金案件，交易者因防范意识不强、账户密码管理不善等原因导致密码泄露，犯罪分子利用期货市场不活跃合约的对敲交易将交易者资金转移到事先开立的期货账户中，并通过银行转出资金，使交易者蒙受损失。"该《通知》要求从几个方面加强期货公司内部控制，其中之一就是加强交易者出金管理，要求"期货公司应当建立健全客户出金管理制度，加强出金的内部审核和控制；期货公司应当严格执行当日无负债结算制度，交易者当日平仓盈利在结算完成前不得出金；期货交易所通报对敲转移资金等涉嫌违法违规情形的，亏损交易者所在期货公司应当立即与交易者核实交易情况，盈利交易者在期货公司在事件调查结束前应当限制交易者出金"。

在期货市场中，部分交易者防范意识不强、账户密码管理不善，密码泄露时有发生。这给了犯罪分子通过对敲来转移交易者资金的可乘之机。在以往的对敲案件中，虽然期货交易所信息技术系统可以及时侦测并加以补救，但是补救的速度往往"跑不赢"对敲者出金的速度。犯罪分子实施对敲，并利用银行转账系统出金的过程通常只有几分钟，当期货公司对犯罪分子账户采取停止出金、关闭出金权限时，往往为时已晚。而有了交易者当日平仓盈利在结算完成前不得出金这一措施约束，就为发现和处理对敲行为争取到宝贵的时间。同时，从交易者角度来看，虽然当日盈利在结算前不能出金，但是可以开新仓，资金使用效率并不会受到影响。

可以说，《通知》的这一要求是对交易者、期货公司，乃至全行业利益的保护。

问题19：什么是穿仓？交易者发生穿仓为什么要赔偿期货公司？

答：穿仓是指交易者账户上权益为负值的风险状况，即交易者的亏损超过了开仓前账户上的保证金，从而对期货公司负有债务的情况。在期货公司严格实行当日无负债结算制度的情况下，穿仓事件虽不常见，但也偶有发生。在市场行情发生较大变化时，如果交易者保证金账户中资金的绝大部分都被交易保证金占用，而且交易方向又与市场走势相反，由于保证金交易的杠杆效应，就可能出现穿仓。

期货市场遵从“买卖自负”的原则，穿仓损失是交易者交易的结果，亏损超过了其向期货公司交纳的期货保证金，期货公司为此向期货交易所替交易者垫付了超出保证金的部分损失，属于期货公司给交易者融资，期货公司因此享有了向交易者追偿的权利，交易者应向期货公司履行赔偿责任。

中国期货业协会《〈期货经纪合同〉指引》向交易者揭示了此类风险，表述为：“在某些市场情况下，您可能会难以或无法将持有的未平仓合约平仓。例如，这种情况可能在市场达到涨跌停板时出现。出现这类情况，您的所有保证金有可能无法弥补全部损失，您必须承担由此导致的全部损失。”

在此，提示交易者，为了避免穿仓的发生，需要特别控制好头寸，合理地进行资金管理，同时对期货行情进行及时跟踪。

问题 20：什么是对敲？为什么对敲是违规的？

答：对敲交易是两个账户按照相同的期货合约事先约定的时间、价格和方式进行的互为对手的交易。对敲交易是期货市场典型的违规交易行为，通常发生在流动性较差的远期期货合约，通过对敲交易能够影响市场价格、转移资金或者谋取不正当利益。

期货市场上对敲交易不时发生。其中，部分对敲交易是由于交易者在不了解期货交易规则的情况下因错误操作或好奇尝试引起的；也有部分对敲交易带有违法犯罪意图，即试图通过这种方式获取和转移交易关联方账户资金。中国证监会、期货交易所以及法院处理的对敲案件，往往一方或双方有预谋，目的是转移资金。

基于交易者身份、动机和目的不同，对敲交易引起的法律后果也不完全相同。有的交易者在不同期货公司的账户之间以对敲转移资金，涉嫌洗钱；有的交易者在获取他人的交易密码后，将他人账户的资金对敲至自己账户或关联第三方账户，涉嫌盗窃；有的是法人交易者的指定下单人及资金调拨人，利用职务之便将法人资金对敲至关联第三方账户，涉嫌侵占。

总之，对敲行为具体的违法犯罪的定性需要综合主客观因素等方面的认定。另外，对敲操作者为了达到目的，一般在双方账户之间通过高买低卖来达到对敲目的，背离了期货交易低买高卖的一般规律，严重扰乱合理价格，破坏了期货市场的正常运行。

不论如何定性，对敲都是法律法规和期货交易所业务规则严格禁止的，都应受到处理，情节较轻的给予警告、强行平仓、暂停开仓交易的处罚；情节较重的可能被市场禁入、罚款和没收违法所得的处罚；构成犯罪的，将被依法追究刑事责任。

问题 21：为什么期货公司设定的保证金收取标准高于期货交易所？以哪个标准判断透支交易？

答：期货公司设定高于期货交易所的保证金收取标准主要是为了风险控制的需要，避免交易者在没有保证金或者保证金不足的情况下，开仓交易或者继续持仓，造成透支交易，从而出现期货公司替交易者向期货交易所垫付保证金的情况。按照《最高人民法院关于审理期货纠纷案件若干问题的规定》第三十一条第三款规定，透支交易数额以期货交易所规定的保证金比例为判断标准。

在保证金收取比例问题上，《期货交易管理条例》第二十八条规定："期货交易应当严格执行保证金制度。期货交易所向会员、期货公司向客户收取的保证金，不得低于国务院期货监督管理机构、期货交易所规定的标准……"当交易者保证金不足，按照《期货交易管理条例》第三十六条第二款规定："……期货公司先以该客户的保证金承担违约责任；保证金不足的，期货公司应当以风险准备金和自有资金代为承担违约责任，并由此取得对该客户的相应追偿权。"为了遵守法律法规要求，维护正常的交易秩序，也为了避免本身资金被占用，期货公司都在期货交易所设定了本公司的保证金标准。

而对于期货公司保证金收取标准的上限和下限，法律法规、期货交易所交易规则均没有明确规定。实践中，期货公司根据经营管理和风险控制需要自行确定保证金收取标准，并进行适时调整。

问题22：交易者认为成交回报与交易指令不符，应当如何提出异议？

答：按照法律规定和期货经纪合同约定，期货公司要按照交易者交易指令为交易者进行期货交易，但在实践中，有时会出现成交回报与交易指令不符的情况。当交易者认为出现不符的情况时，应当核实和确认不符情况是否确实存在，确认无误后，按照约定及时向期货公司提出异议。

成交回报与交易指令不符可以分为两种情况：一种情况是在交易过程中发现二者不符，另一种情况是在交易结束后发现二者不符。两种情况处理方法不同。

对于在交易过程中发现的情况，结合中国期货业协会《〈期货经纪合同〉指引》第二十八条规定，交易可以立即向期货公司提出异议，期货公司应当及时核实，为了避免损失的可能发生或者扩大，期货公司在收到交易者的异议后，可以将发生异议的持仓合约进行平仓或者重新执行交易者的交易指令，由此造成的损失由有过错一方承担，对于期货公司错误执行交易者的交易指令，除交易者认可的以外，交易结果由期货公司承担。

对于提出异议的方式，法律法规一般没有规定，如果期货公司与交易者对此有约定，应当遵守约定，如果没有约定，则交易者可以采用任意方式，但是从更加正式、更易于证据保存的角度，最好采用书面形式，如传真、电子邮件、书信等方式。

对于在交易结束后发现的情况，交易者应当依据期货经纪合同约定，在下一交易日开市前通过书面形式向期货公司提出，由期货公司按照约定处理。

问题23：期货公司要求交易者在没有持仓的情况下在账户中存留一定数量保证金是合法的吗？

答：目前，法律法规对这一问题没有明确规定。期货公司和交易者可以就此问题进行约定。

《期货交易管理条例》《期货公司监督管理办法》《〈期货经纪合同〉指引》等均规定，期货公司向交易者收取的保证金属于交易者所有，除规定可以划转的情形外，严禁挪作他用，也不得以任何形式占用。基于这些规定，期货公司无权限制交易者的账户资金。

但在实践中，期货公司有时会要求交易者在账户中存留一定数额的“保底资金”。这主要是考虑到，交易时段内实时计算的可用资金和结算时计算的结果之间可能因为计算精度等问题存在细小差异。如果没有设定“保底资金”，交易者按照交易时段的实时计算结果进行全额出金，在结算后就可能会因为过量出金，造成账户轻微穿仓的后果。

其实，“保底资金”一般数额较小，对交易者影响不大，当交易者特别提出或者办理销户时，可以将这部分资金取出。应该说，期货公司要求交易者在没有持仓的情况下在账户中存留一定数额的保证金，并不构成违法违约。

问题24：期货公司接受交易者委托过程中有哪些禁止性行为？

答：按照《期货和衍生品法》第七十八条规定，期货公司不得从事下列损害交易者利益的行为：（1）向交易者作出保证其资产本金不受损失或者取得最低收益承诺；（2）与交易者约定分享利益、共担风险；（3）违背交易者委托进行期货交易；（4）隐瞒重要事项或者使用其他不正当手段，诱骗交易者交易；（5）以虚假或者不确定的重大信息为依据向交易者提供交易建议；（6）向交易者提供虚假成交回报；（7）未将交易者交易指令下达到期货交易场所；（8）挪用交易者保证金；（9）未依照规定在期货保证金存管机构开立保证金账户，或者违规划转交易者保证金；（10）利用为交易者提供服务的便利，获取不正当利益或者转嫁风险；（11）其他损害交易者权益的行为。

关于向交易者作获利保证。期货交易是高风险交易，任何人都不可能保证盈利，有关获利的保证实际上是一种诱骗和欺诈。我国法律对此明确禁止，并要求期货公司必须向交易者说明期货交易的风险，提示其谨慎入市。

关于与交易者约定分享利益或者共担风险。这种做法实际上也是诱骗交易者参与期货交易，该做法不否认期货市场的风险，而是使交易者认为即便有风险还有期货公司帮助承担，以此消除交易者对期货市场高风险的担忧，进而入市交易。对于这种做法，《期货和衍生品法》明确禁止，中国期货业协会《〈期货经纪合同〉指引》的“客户须知”中也特别告知交易者：“……期货交易中任何获利或者不会发生损失的承诺均为不可能或者是没有根据的，期货公司不得与客户约定分享利益或共担风险。”

期货公司或期货公司工作人员向交易者作获利保证，或与交易者约定分享利益或共担风险，都属于被《期货和衍生品法》禁止的，相应条款是无效的。《最高人民法院关于审理期货纠纷案件若干问题的规定》第十四条规定，“因期货经纪合同无效给客户造成经济损失的，应当根据无效行为与损失之间的因果关系确定责任的承担。一方的损失系对方行为所致，应当由对方赔偿损失；双方有过错的，根据过错大小各自承担相应的民事责任”。

关于违背交易者委托进行期货交易。这种不忠实执行交易者交易指令的情况包括两种类型：一种是未经交易者委托就擅自进行期货交易；另一种是不按照交易者交易指令所明确的委托范围进行期货交易，这种行为又具体分为不执行交易指令、不完全执行交易指令和超越交易者交易指令委托范围进行期货交易。当前，在期货市场日益规范的大背景下，期货公司擅自交易行为已经极少，主要是期货公司工作人员未经交易者同意私下擅自进行交易，以获取收入提成。

实践中，期货公司工作人员擅自交易存在两种情形。第一种情形是交易者出于过度信任、方便交易、委托代为下单等原因，主动告知期货公司工作人员交易密码后，工作人员未经其同意擅自进行交易。在此情况下，交易者本人存在密码保管不善等过错，期货公司工作人员涉嫌违规，双方应当按各自过错比例承担损失。当前，期货公司往往在期货经纪合同中提示交易者妥善保管密码，公司及其工作人员不得接受全权委托。因此，当交易者与期货公司工作人员出现此类纠纷后，很难向期货公司主张索赔。

同时，因为交易者通常采用密码交易，凡使用密码进行的操作均视为交易者本人的操作，交易者难以取证证明存在擅自交易，为此，交易者要承担由于密码管理不善所带来的损失。为了避免出现上述不利后果，交易者不宜将交易密码交给期货公司工作人员。

第二种情形是交易者没有告知，但期货公司工作人员通过一定手段获取密码后，不经交易者同意，擅自进行交易。在这种情形下，交易者没有过错，可以向期货工作人员所在的期货公司、中国期货业协会以及监管部门投诉，也可以向有管辖权的法院提起侵权之诉。投诉对象是期货公司工作人员本人，而不是期货公司，因为期货公司工作人员的此类行为不属于职务行为，交易者难以在法律上向期货公司主张权利。同时，这种情形往往与盗码交易等行为交叉重叠，涉嫌违法犯罪，因此，交易者有时也可以向公安机关报案。

问题 25：违反规定签订的合同是有效的吗？

答：这个问题要视情况而定。期货经纪合同符合《民法典》和《最高人民法院关于审理期货纠纷案件若干问题的规定》有关合同无效的规定时，当然无效。但是如果违反法律法规非禁止性规定、行政规章及以下规则规定或操作性、规程性文件，并不导致合同无效，合同双方当事人可以按照规定履行必要手续，对合同进行补正。

为了提高期货行业法治化、规范化水平，中国证监会、期货交易所制定了一系列部门规章、规范性文件、交易规则等。期货公司和交易者应当遵守这些规定。《民法典》第一百五十三条第一款规定："违反法律、行政法规的强制性规定的民事法律行为无效。但是，该强制性规定不导致该民事法律行为无效的除外。"违反前述中国证监会行政规章、规范性文件或者期货交易所交易规则而订立的期货经纪合同并不必然无效。合同双方应当按照相关规定对合同形式和内容进行补正。不过，这些合同虽然继续有效，但对于相关违规行为，中国证监会、期货交易所会视情况予以处理。因此，期货公司、交易者都应当按照法律法规和各项监管要求开展业务或参与期货交易，不得违反。

问题26：什么是空白合同？为什么不建议交易者签署空白合同？

答：当前，在期货经纪业务中，各期货公司与交易者签署的合同一般是格式合同，期货公司为了重复使用而预先拟定绝大多数合同条款，只有在手续费收取标准等少数事项上留出空白。当交易者与期货公司签订期货经纪合同时，双方只需对这些少数事项进行约定，并签字确认，合同即告成立。存在上述空白事项的格式合同属于空白合同。

在实践中，交易者与期货公司签订期货经纪合同时，由于期货公司内部控制的需要，双方往往不能当场共同完成签署。期货公司工作人员有时会在双方未就上述空白事项协商一致的情况下，要求交易者先在落款处签字盖章，再由其按照期货公司内部工作流程进行签字盖章，有关空白事项也由期货公司一并填写完整。对于期货公司这一签署空白合同的要求，为了避免潜在风险，维护自身权益，交易者应当拒绝。因为交易者签署了这类空白合同，就意味着同意期货公司在合同空白处填写的相关内容。如果交易者没有拒绝，当拿到期货公司已经签署好的合同后发现，期货公司在合同空白处填写的内容对其不利，比如较高的手续费收取标准，这时因为合同已经成立，再协商修改会经历比较烦琐的程序，耗时费力。况且，在实践中，有不少交易者在入市交易前没有对各期货公司手续费收取标准进行横向比较，对行业手续费收取的总体水平不够了解，不会就此提出异议，当交易一段时间后，发现手续费收取标准约定过高时，因为合同已经生效并履行，交易者往往不能要求期货公司返还已经收取的手续费。

基于以上原因，建议交易者不要签署空白合同，应当与期货公司就空白事项协商一致并填写完整后，再签名盖章。

交易咨询业务篇

第九章　期货交易咨询业务介绍

一、期货交易咨询业务的推出背景

随着国际国内经济金融形势复杂多变和大宗商品价格大幅波动，广大实体企业、产业客户利用期货市场进行风险管理、套期保值的需求与日俱增，大中型企业和银行对期货交易咨询服务的需求日益强烈。为了积极促进期货市场功能发挥，引导期货公司为广大实体企业、产业客户以及机构交易者提供更多、更好的专业化服务，进一步提高期货市场的服务质量和水平，也为了规范和加强对期货公司期货交易咨询业务的监管，引导期货行业加强专业人才队伍建设，促进期货交易咨询业务规范健康发展，中国证监会制定了《期货公司期货交易咨询业务办法》，推出期货交易咨询业务。

二、期货交易咨询业务的服务内容和定位

（一）期货交易咨询业务的服务内容

期货公司的期货交易咨询业务是指基于客户委托，由期货公司开展的风险管理顾问、期货研究分析、期货交易咨询等营利性业务，具体包括：（1）协助客户建立风险管理制度、操作流程，提供风险管理咨询、专项培训等风险管理顾问服务；（2）收集整理期货市场信息及各类相关经济信息，研究分析期货市场及相关现货市场的价格及其相关影响因素，制作、提供研究分析报告或者资讯信息的研究分析服务；（3）为客户设计套期保

值、套利等投资方案，拟定期货交易策略等交易咨询服务；（4）中国证券监督管理委员会规定的其他活动。

（二）期货交易咨询业务的定位

期货交易咨询业务是从实体企业、产业客户以及机构交易者的风险管理需求出发，发挥期货行业专业优势，开展以风险管理顾问服务为核心，以期货研究分析和期货交易咨询为支持的期货交易咨询服务活动，通过逐步改变过去那种单纯依附于期货经纪业务、以“拉客户炒单”为目的的咨询服务模式，切实提升期货行业对交易者、对国民经济的服务水平和质量。

三、《期货公司期货交易咨询业务办法》

中国证监会发布了《期货公司期货交易咨询业务办法》。该办法分为六章三十六条，对期货公司的期货交易咨询业务资格和人员从业条件资格、业务规则、防范利益冲突、监督管理和法律责任等内容进行了规定。《期货公司期货交易咨询业务办法》第六条规定：期货公司申请从事期货交易咨询业务，应当具备下列条件：

（1）注册资本不低于人民币 1 亿元，且净资本不低于人民币 8000 万元；

（2）申请日前 6 个月的风险监管指标持续符合监管要求；

（3）具有 3 年以上期货从业经历并符合期货交易咨询从业条件的高级管理人员不少于 1 名，具有 2 年以上期货从业经历并取得期货交易咨询从业资格的业务人员不少于 5 名，且前述高级管理人员和业务人员最近 3 年内无不良诚信记录，未受到行政、刑事处罚，且不存在因涉嫌违法违规正被有权机关调查的情形；

（4）具有完备的期货交易咨询业务管理制度；

（5）近 3 年内未因违法违规经营受到行政、刑事处罚，且不存在因涉嫌重大违法违规正在被有权机关立案调查的情形；

(6) 近1年内不存在被监管机构采取《期货和衍生品法》第七十三条、第七十四条规定的监管措施的情形;

(7) 中国证监会依据审慎监管原则规定的其他条件。

四、期货交易咨询业务中的交易者保护

期货交易咨询业务是期货公司商品期货经纪业务、金融期货经纪业务之外的一项新的业务。为了规范期货公司开展该项业务，保护交易者合法权益，中国证监会在《期货公司期货交易咨询业务办法》的“业务规则”“防范利益冲突”等章节中进行了相关规定。主要条款如下。

(一) 维护交易者合法权益

第十条 期货公司及其从业人员应当以专业的技能，谨慎、勤勉、尽责地为客户提供期货交易咨询服务，保守客户的商业秘密，维护客户合法权益。期货公司及其从业人员不得对期货交易咨询服务能力进行虚假、误导性的宣传，不得欺诈或者误导客户。

第十三条 期货公司及其从业人员在开展期货交易咨询服务时，不得从事下列行为:(一) 向客户做获利保证，或者约定分享收益或共担风险;(二) 以虚假信息、市场传言或者内幕信息为依据向客户提供期货交易咨询服务;(三) 利用期货交易咨询活动操纵期货交易价格、进行内幕交易，或者传播虚假、误导性信息;(四) 以个人名义收取服务报酬;(五) 期货法规、规章禁止的其他行为。期货交易咨询业务人员在开展期货交易咨询服务时，不得接受客户委托代为从事期货交易。

第十四条 期货公司应当事前了解客户的身份、财务状况、交易经验等情况，认真评估客户的风险偏好、风险承受能力和服务需求，并以书面和电子形式保存客户相关信息。

第十六条 期货公司提供风险管理服务时，应当发挥自身专业优势，为客户制定符合其需要的风险管理制度或者操作流程，提供有针对性的风险管理咨询或者培训，不得夸大期货的风险管理功能。期货公司应当定期

评估风险管理服务效果和客户反馈意见，不断改进风险管理服务能力。

第二十条　期货公司以期货交易软件、终端设备为载体，向客户提供交易咨询服务或者具有类似功能服务的，应当执行本办法，并向客户说明交易软件、终端设备的基本功能，揭示使用局限性，说明相关数据信息来源，不得对交易软件、终端设备的使用价值或功能作出虚假、误导性宣传。

第二十六条　期货交易咨询业务人员应当以期货公司名义开展期货交易咨询业务活动，不得以个人名义为客户提供期货交易咨询服务。

（二）防范利益冲突

第十九条　期货公司提供交易咨询服务时，应当向客户明示有无利益冲突，提示潜在的市场变化和投资风险期货公司提供的交易方案或者期货交易策略，应当以本公司的研究报告、合法取得的研究报告、相关行业信息资料以及公开发布的相关信息等为主要依据。期货公司应当告知客户自主做出期货交易决策，独立承担期货交易后果，并不得泄露客户的投资决策计划信息。

第二十三条　期货公司应当制定防范期货交易咨询业务与其他期货业务之间利益冲突的管理制度，建立健全信息隔离机制，并保持办公场所和办公设备相对独立。期货交易咨询业务活动之间可能发生利益冲突的，期货公司应当作出必要的岗位独立、信息隔离和人员回避等工作安排。

第二十四条　期货公司及其从业人员与客户之间可能发生利益冲突的，应当遵循客户利益优先的原则予以处理；不同客户之间存在利益冲突的，应当遵循公平对待的原则予以处理。

（三）法律责任

第三十二条　期货公司或其从业人员开展期货交易咨询业务出现下列情形之一的，中国证监会及其派出机构可以针对具体情况，根据《期货和衍生品法》第七十三条的规定采取相应监管措施：（一）对期货交易咨询服务能力进行虚假、误导性宣传，欺诈或者误导客户；（二）高级管理人员缺位或者业务部门人员低于规定要求；（三）以个人名义为客户提供期货交易咨询服务；（四）违反本办法第十三条规定；（五）未按照规定建立防范利益冲突的管理制度、机制；（六）未有效执行防范利益冲突管理制度、机制且处置失当，导致发生重大利益冲突事件；（七）利用研究报告、资讯信息为自身及其他利益相关方谋取不当利益；（八）其他不符合本办法规定的情形。

期货公司或其从业人员出现前款所列情形之一，根据《期货和衍生品法》第一百二十五条、第一百二十六条、第一百二十七条、第一百三十五条，《期货交易管理条例》第六十六条、第六十七条相关规定处罚；涉嫌犯罪的，依法移送司法机关。

第十章　期货交易咨询业务中交易者可能遇到的常见问题及处理

交易者参与期货交易咨询业务时会遇到一些疑问，本章收集整理了交易者可能遇到的部分问题，并尝试进行解答，以供参考。

问题 1：交易者如何使用期货公司提供的交易咨询建议？

答：期货公司提供交易咨询建议是为交易者参与期货交易提供参考，不是代为决策，建议内容带有针对性、时效性和不可避免的局限性，交易者在使用这些建议时应当进行审慎、客观评估，在此基础上决定是否采纳并承担相应后果。为此，《期货公司期货交易咨询业务办法》第十四条规定："期货公司应当针对客户期货交易咨询具体服务需求，揭示期货市场风险，明确告知客户独立承担期货市场风险"；第十九条规定："期货公司应当告知客户自主做出期货交易决策，独立承担期货交易后果，并不得泄露客户的交易决策计划信息。"

具体来说，期货公司作为经许可专门从事期货业务的金融机构，比交易者，包括个人交易者、实体企业、其他金融机构更加熟悉和了解期货市场，所提供的咨询建议也更加专业和有针对性。基于此，由期货公司向交易者提供风险管理顾问服务、研究分析服务、交易咨询服务等，更加有利于交易者利用期货市场进行风险管理，降低参与期货交易风险。但是，由于期货市场变化具有不确定性，任何预测都可能与实际情况存在差异，而且研究资料来源、研究方法、分析结论无法做到完美无缺，咨询建议具有时效性、针对性和不可避免的局限性，不能在任何市场环境下长期有效。另外，也不能完全排除期货公司及其交易咨询服务人员可能存在的道德风险。因此，交易者在使用期货交易咨询建议时，应当进行审慎客观地评估后，再决定是否采用。

问题 2：期货交易咨询的从业人员可以以个人名义提供咨询服务从而收取报酬吗？

答：这是被禁止的。按照《期货公司期货交易咨询业务办法》第十三条规定，期货从业人员不得以个人名义为交易者提供期货交易咨询服务，不得以个人名义收取服务报酬，而应当以期货公司名义开展业务，相关费用标准也应当在期货交易咨询服务合同中进行明确约定。

实践中，交易者有交易咨询需求时，虽然会联系自己熟悉的期货公司从业人员，但应当与期货公司签署期货交易咨询服务合同。合同应当明确服务的内容、人员、费用等一系列事项。期货公司中从事期货交易咨询的从业人员只是接受所在公司的委派，为交易者提供合同约定的服务。如果有从业人员以个人名义收取报酬，交易者应当认识到这是违规违约的，并予以拒绝。同时，交易者也不应当向从业人员个人寻求咨询服务，并向其支付报酬。否则，一旦出现纠纷，多数情况会被认定为交易者与业务人员个人之间的私下行为，与期货公司无关，所造成的损失，也将根据法律规定或合同约定由交易者全部或部分承担。

问题 3：期货交易咨询的从业人员可以接受交易者全权委托进行期货交易吗？

答：这是被禁止的。按照《期货公司期货交易咨询业务办法》第十三条第四款规定：期货公司及其从业人员在开展期货交易咨询服务时，不得以个人名义收取服务报酬。

该禁止性规定是中国证监会从规范期货交易咨询业务人员行为的角度提出的监管要求，更是对交易者权利的保护。当前，有的交易者对期货公司工作人员过度信任，或者受到少数期货公司工作人员的违规劝诱，全权委托后者进行期货交易，并发生了实际损失和纠纷。在期货交易咨询业务中，这种情况也有可能出现。为此，《期货公司期货交易咨询业务办法》明确禁止这种行为。

问题 4：期货交易咨询业务实行交易者适当性制度吗？

答：交易者适当性制度是指根据产品特征和风险特性，区别交易者的产品认知水平和风险承受能力，选择适当的交易者审慎参与该产品交易，并建立与之相适应的监管制度安排。证监会发布的《证券期货投资者适当性管理办法》要求经营机构应当强化适当性管理义务，切实保护交易者合法权益，将适合的产品销售给适合的交易者。《期货公司期货交易咨询业务办法》第十四条规定：“期货公司应当事前了解客户的身份、财务状况、交易经验等情况，认真评估客户的风险偏好、风险承受能力和服务需求，并以书面和电子形式保存客户相关信息。期货公司应当针对客户期货交易咨询具体服务需求，揭示期货市场风险，明确告知客户独立承担期货市场风险。”

问题 5：经纪业务中，期货公司在交易者开户和后续交易过程中提供的咨询属于期货交易咨询吗？

答：二者分别属于不同业务，前者属于经纪业务，后者属于期货交易咨询业务，不能混淆。

按照《期货交易管理条例》的规定，期货公司业务实行许可制度，由中国证监会按照业务种类颁发许可证。上述两种咨询活动，分别属于期货经纪业务（含商品期货经纪业务、金融期货经纪业务）和期货交易咨询业务。

在期货经纪业务中，期货公司在交易者开户和交易过程中提供的咨询是附随的、延伸的服务，主要作用是开发和维护客户，该服务不是期货经纪合同的主要内容，也不是双方当事人的主要权利义务，该服务是非营利的，期货公司对此不单独收取费用，而且对提供咨询人员的资格没有特别要求，一般营销人员就可以从事。而在期货交易咨询业务中，期货公司提供的核心服务就是基于交易者的专门委托提供交易咨询服务，具体包括风险管理顾问服务、研究分析服务、交易咨询服务以及中国证监会规定的其他服务，该服务是营利性的，期货公司将有权根据合同具体约定向交易者收取服务报酬，在从业人员方面，特别要求只有具有期货交易咨询业务从业条件的人员才可以为交易者提供此类服务。

期货资产管理业务篇

第十一章　期货资产管理业务介绍

一、期货资产管理业务的推出背景

近年来，期货市场呈现出快速健康发展的良好局面，期货市场法规体系日益完善，期货品种不断丰富，期货公司合规意识显著提高，资本实力、盈利能力不断增强。但是与国际成熟市场相比，我国期货市场还存在交易者结构不合理，机构交易者较少，市场深度不够，流动性不稳定等问题。

开展资产管理业务试点，首先，有利于培育和发展机构交易者，改善期货市场交易者结构，提高期货市场定价效率，促进期货市场功能不断发挥；其次，有利于发挥期货公司在衍生品市场领域的专业特长和比较优势，提供以期货对冲和套利为主的资产管理服务，满足交易者的多元化投资需求；最后，有利于进一步提高期货公司中介服务能力，借鉴国际成熟市场发展的一般经验，引导期货公司为实体经济和各类交易者提供优质服务。

二、期货资产管理业务的适用对象和投资范围

（一）期货资产管理业务的适用对象

按照2018年中国证监会发布的《证券期货经营机构私募资产管理业务管理办法》第二条规定，在中华人民共和国境内，证券期货经营机构非公开募集资金或者接受财产委托，设立私募资产管理计划（以下简称“资

产管理计划”）并担任管理人，由托管机构担任托管人，依照法律法规和资产管理合同的约定，为交易者的利益进行投资活动，适用本办法。

（二）期货资产管理业务的投资范围

在投资范围方面，《期货公司监督管理办法》规定，期货公司资产管理业务可以投资于：（1）期货、期权及其他金融衍生品；（2）股票、债券、证券投资基金、集合资产管理计划、央行票据、短期融资券、资产支持证券等；（3）中国证监会认可的其他投资品种。

三、期货资产管理业务的相关规定

（一）中国证监会的相关规定

中国证监会发布的《期货公司监督管理办法》，规定了资产管理业务的服务对象、投资范围、期货公司及从业人员行为准则等内容。《证券期货经营机构私募资产管理业务管理办法》对期货公司开展私募资产管理业务的业务主体、业务形式、非公开募集、投资运作、信息披露、变更终止与清算、风险管理与内部控制、监督管理与法律责任等进行了具体的规定。

（二）中国期货业协会的自律规则

2021 年中国期货业协会发布的《期货经营机构资产管理业务备案管理规则》对期货公司或子公司开展资产管理业务进行登记备案的相关要求、备案审查、持续展业、协会的自律管理等事项进行了规定。

四、期货资产管理业务中的交易者保护

在该项业务中，有关交易者保护的制度和措施体现在以下几个方面：对期货公司和从业人员的资格管理、业务规范管理和风险控制、交易者适

当性制度、合同的风险提示和权利义务安排。

（一）期货公司和从业人员的资格管理

和期货公司期货交易咨询业务一样，期货公司资产管理业务也实行资格管理。目前，期货公司从事该项业务应当按照《期货公司监督管理办法》规定进行登记备案，期货公司中从事资产管理工作的人员应当取得相应的资格，否则就不能从事该项业务或相关工作。

（二）业务规范管理和风险控制

为了规范期货公司的经营行为，也为了保护交易者的合法权益，《期货公司监督管理办法》规定，期货公司及其从业人员在从事资产管理业务时，不得有下列行为：

（1）以欺诈手段或者其他不当方式误导、诱导客户；

（2）向客户做出保证其资产本金不受损失或者取得最低收益的承诺；

（3）接受客户委托的初始资产低于中国证监会规定的最低限额；

（4）占用、挪用客户委托资产；

（5）以转移资产管理账户收益或者亏损为目的，在不同账户之间进行买卖，损害客户利益；

（6）以获取佣金或者其他利益为目的，使用客户资产进行不必要的交易；

（7）利用管理的客户资产为第三方谋取不正当利益，进行利益输送；

（8）利用或协助客户利用资管账户规避期货交易所限仓管理规定；

（9）违反交易者适当性要求，通过拆分资产管理产品等方式，向风险承受能力低于产品风险等级的交易者销售资产管理产品；

（10）法律、行政法规以及中国证监会规定禁止的其他行为。

（三）交易者适当性制度

在资产管理业务中，实施交易者适当性制度是保护交易者合法权益的重要措施之一。《证券期货经营机构私募资产管理业务管理办法》规定，证券期货经营机构和销售机构在募集资产管理计划过程中，应当按照中国证监会的规定，严格履行适当性管理义务，充分了解交易者，对交易者进行分类，对资产管理计划进行风险评级，遵循风险匹配原则，向交易者推荐适当的产品，禁止误导交易者购买与其风险承受能力不相符合的产品，禁止向风险识别能力和风险承受能力低于产品风险等级的交易者销售资产管理计划。交易者应当以真实身份和自有资金参与资产管理计划，并承诺委托资金的来源符合法律、行政法规的规定。交易者未作承诺，或者证券期货经营机构、销售机构知道或者应当知道交易者身份不真实、委托资金来源不合法的，证券期货经营机构、销售机构不得接受其参与资产管理计划。

第十二章　资产管理业务中交易者可能遇到的常见问题及处理

交易者参与期货资产管理业务时会遇到一些疑问，本章收集整理了交易者可能遇到的部分问题，并尝试进行了解答，以供参考。

问题1：期货公司员工个人可以接受交易者的委托为其进行资产管理吗?

答：这是不允许的。虽然没有明确禁止期货公司员工个人受托为交易者进行资产管理，但是从《期货和衍生品法》有关期货公司业务许可制度的设置的立法本意来看，都不允许期货公司员工个人接受交易者的委托为其进行资产管理。其原因类似于期货交易咨询从业人员不能以个人名义提供咨询服务、收取报酬。期货公司工作人员在履行职务，为交易者提供资产管理服务过程中，只能采用期货公司名义，而不能用个人名义。

从另外一个角度来说，如果允许期货公司员工个人为交易者进行资产管理，无异于允许员工个人接受交易者全权委托进行期货交易。这对交易者权益的保护是不利的。在实践中，期货公司工作人员因私下接受交易者全权委托进行期货交易产生的纠纷仍然存在。其成因一方面在于期货交易风险很高，容易发生亏损，导致交易结果与交易者预期存在较大差距；另一方面，期货公司工作人员在交易过程中，为了赚取利润分成或获取较高的手续费，往往倾向于冒险或进行频繁交易。当此类纠纷发生后，因为是交易者对期货公司员工个人的私下委托行为，交易者难以向期货公司主张索赔，只能向受托员工个人主张权利，最终，所遭受的损失经常无法挽回。

因此，从维护自身权益角度出发，交易者在参与期货资产业务管理过程中，切勿主动委托期货公司员工个人，也不要受到后者的劝诱，委托其进行资产管理。

问题2：交易者委托期货公司进行资产管理有风险吗？可以稳赚不赔吗？

答：期货交易具有高风险的特点，而且这种风险是固有的，交易者委托专业的期货公司进行资产管理可以在一定程度上降低期货交易的风险，但是无法做到完全避免风险，稳赚不赔。

期货交易的风险和收益是相伴相生的。在面临高风险的同时，参与期货交易也有机会获取较高的收益。期货公司作为专门的金融机构，虽然在衍生品市场领域具有专业特长和比较优势，且其制定的投资策略更加科学合理，但也不能完全避免风险。这种风险是交易者必须面对并且承担的。因此，交易者委托期货公司进行资产管理切勿抱着稳赚不赔的心态。在委托前应当认真阅读并理解期货资产管理合同，特别是其中风险揭示书的相关内容，对期货市场及产品风险具有适当的认识，了解资产管理方案和投资策略的风险收益特征，接受期货公司的审慎评估并进行自我评估，当发生交易损失时应当正确对待，并按照合同约定及时进行处置。

问题3：交易者委托期货公司进行资产管理需要注意什么？

答：交易者参与资产管理，涉及投入大额资金，且面临期货交易的固有风险，因此，对该业务进行全面了解非常必要，交易者在参与资产管理业务前，应当做到以下几点。

（1）了解有关资产管理业务的法律法规、基础知识、业务特点、风险收益特征等内容，了解期货公司是否具有开展资产管理业务的资格，并认真听取期货公司对相关业务规则和资产管理合同内容的讲解。

（2）综合考虑自身的资产与收入状况、投资经验、风险偏好，确信自身有承担参与资产管理业务所面临投资风险和损失的能力，审慎选择与自身风险承受能力相匹配的资产管理投资策略。

（3）了解参与资产管理业务通常具有的市场风险、管理风险、流动性风险、信用风险及其他风险，包括但不限于政策风险、经济周期风险、利率风险、技术风险、操作风险、不可抗力因素导致的风险等。

（4）特别关注投资期货类品种具有的特定风险，包括但不限于因保证金交易方式可能导致投资损失大于委托资产价值的风险，因市场流动性不足、交易所暂停某合约的交易、修改交易规则或采取紧急措施等原因，未平仓合约可能无法平仓或现有持仓无法继续持有的风险。

（5）知晓合同虽然约定了一定的止损比例，但由于持仓品种价格可能持续向不利方向变动、持仓品种因市场剧烈波动不能平仓等原因，委托资产亏损存在超出该止损比例的风险。

（6）知晓参与资产管理业务的资产损失由客户自行承担，期货公司不以任何方式对客户作出取得最低收益或分担损失的承诺或担保。

（7）知晓客户无论参与资产管理业务是否获利，都需要按约支付管理费用和其他费用，会对客户的账户权益产生影响。

（8）知晓期货公司在一定条件下存在变更投资经理人选的可能，会对资产管理投资策略的执行产生影响。

（9）知晓期货公司既往的资产管理业绩并不预示其未来表现。期货公司介绍的预期收益仅供客户参考，不构成对委托资产可能收益的承诺或暗示。

交易者在通过期货公司进行期货交易的过程中，其合法权益可能会因为期货公司的过失或故意操作而受到侵害，比如期货公司交易系统出现故障，或者因为收费标准等与期货公司产生纠纷。如何有效地解决与期货公司之间的纠纷，对于交易者尤为重要。通常的纠纷解决方式主要有和解、调解、仲裁、诉讼四种。

期货子公司风险管理业务篇

第十三章　期货子公司风险管理业务介绍

一、期货子公司风险管理业务的推出背景

为了贯彻落实国家关于资本市场服务实体经济，特别是服务中小企业、服务“三农”的战略部署，在研究借鉴境外成熟市场经验，并充分考虑我国现阶段期货市场、现货市场发展特点和实际情况的前提下，经过认真的调研、论证和分析，提出了通过期货公司设立子公司的方式开展以风险管理服务为主的业务试点方案。其主要目的是充分发挥期货公司作为风险管理中介的创新能力和服务能力，更好地为实体企业提供风险管理服务，促进期货市场与现货市场的结合和功能发挥。2013 年 2 月 1 日中国期货业协会发布实施《期货公司设立子公司开展以风险管理服务为主的业务试点工作指引》，标志着期货公司业务范围进一步拓宽，可通过设立子公司的方式为实体企业提供仓单服务、合作套保、定价服务、基差交易等风险管理服务。根据《指引》，期货公司设立风险管理服务子公司实行备案制。截至 2021 年 6 月，我国已成立 94 家期货公司风险管理子公司开展风险管理相关业务。

二、期货子公司风险管理业务的服务对象和投资范围

根据《期货公司设立子公司开展以风险管理服务为主的业务试点工作指引》，期货公司设立风险管理服务子公司实行备案制。风险管理服务子公司的客户应为商业实体、金融机构、投资机构等法人或组织，以及可投资资产高于 100 万元的高净值自然人客户。

期货公司子公司可以围绕期货市场定价和风险管理，为实体企业提供丰富多样的期现结合产品及服务。其业务主要包括以下四个方面：一是仓单服务。主要由子公司为实体企业客户提供仓单串换、仓单回购、仓单收购、仓单销售等业务。二是合作套保。期货公司子公司可以根据企业实际生产经营需求，为企业特别是中小企业，提供“一对一”套期保值服务及风险管理产品。三是定价服务。期货公司子公司可以在基差贸易的基础上为现货企业提供点价交易、均价交易、远期和互换等个性化的定价和风险管理工具。四是基差交易。期货公司子公司可以通过自身基差交易的实务操作所形成的成功模式和示范效应，引导和培育实体企业更好地利用期货市场完善定价机制和进行风险管理。

三、期货子公司风险管理业务的相关规定

在2013年《期货公司设立子公司开展以风险管理服务为主的业务试点工作指引》基础上，中国期货业协会同期发布了《期货公司风险管理服务子公司业务试点备案工作规程（试行）》，进一步规范了期货公司风险管理服务子公司业务试点向协会的备案工作。2014年8月26日，协会根据市场发展情况修订并发布了《期货公司设立子公司开展以风险管理服务为主的业务试点工作指引（修订）》。2019年协会发布了《期货公司风险管理公司业务试点指引》，2014年8月26日发布的《期货公司设立子公司开展以风险管理服务为主的业务试点工作指引（修订）》同时废止。

《期货公司风险管理公司业务试点指引》（以下简称《指引》）主要修订了以下五个方面的规定：

一是进一步明确主要业务类型。《指引》对风险管理公司可以从事的业务类型进行了重新梳理和归类，明确规定可以开展的试点业务包括：基差贸易、仓单服务、合作套保、场外衍生品业务、做市业务、其他与风险管理服务相关的业务等，并对不同类型业务实施分类管理。

二是修订公司备案和业务备案的条件，新增对未能达到相应条件公司的限制措施。在公司备案方面，《指引》提高了对母公司的资质要求；在

业务备案方面，《指引》针对不同类型业务的风险程度及外溢性影响，规定了差异化的资质要求。

三是进一步细化风险管理公司业务发展的负面清单。原《指引》规定了风险管理公司展业中的禁止行为，《指引》在此基础上，进一步细化了风险管理公司具体业务负面清单，明确合规边界。

四是进一步加强对期货公司管理责任的要求。《指引》明确要求期货公司应当加强对所设风险管理公司的管理，督促其围绕风险管理服务开展业务，依法合规经营，加强内部管理和风险控制，防范风险管理公司违法违规经营导致的期货公司的经营风险和声誉风险。

五是进一步完善对信息报送的要求。结合工作实际，修订了信息报送的时限要求，进一步明确了对报送数据质量的要求，提高了信息报送的可操作性。

四、期货子公司风险管理业务中的交易者保护

在期货子公司开展风险管理业务过程中，协会将坚持审慎、规范地推进试点工作的基本思路。在具体工作开展中始终把握一个基本原则，即牢牢把握服务实体经济的基本原则，同时重点从三个方面防范可能存在的风险，即重点防范期货公司设立子公司的业务试点风险不外溢，重点防范欺诈客户和侵害客户合法权益的违法违规行为，以及重点防范试点业务盲目无序发展。需要强调的是，期货公司及其子公司在试点过程中必须牢牢守住“保护交易者利益”和“风险不外溢”的底线。对于试点过程中发生的业务上的风险，协会将本着“宽容试错”的原则进行处理，但是对于试点过程中发生的欺诈客户、侵害客户合法权益的行为，将采取“零容忍”态度，一旦发现查实，立即暂停甚至取消业务试点资格。

第十四章 期货子公司风险管理业务中交易者可能遇到的常见问题及处理

问题1：个人交易者能否投资风险管理业务中的场外衍生品业务？

根据《期货公司风险管理公司业务试点指引》规定，风险管理公司开展场外衍生品业务，不得与自然人签订业务合同或开展场外衍生品交易。如果有机构声称可以与个人交易者开展场外衍生品业务，交易者应当谨慎，以防落入不法分子诈骗圈套。

问题2：风险管理业务是否需要进行交易者适当性管理？

根据《期货公司风险管理公司业务试点指引》规定，风险管理公司向客户提供证券期货相关产品或服务的，应当建立交易者适当性管理制度，对不同类别的客户和不同等级的服务、产品实行差异化的适当性管理，将适当的服务和产品提供给适当的客户，向客户充分揭示业务和产品风险。风险管理公司在与其期货公司交易者分类标准一致的情况下，可使用其母公司对同一交易者做出的交易者分类结果，但应当保存该交易者的全部信息备查。风险管理公司使用其母公司对同一交易者的适当性分类结果，不视为免除其应当承担的交易者适当性管理义务。风险管理公司应当对其提供的产品和服务进行分级，并做好适当性匹配与管理。

第十五章 期货纠纷案件中的启示

民事纠纷是发生在平等主体之间的，以民事权利义务为内容的社会纠纷。交易者在参与期货交易的过程中，与期货公司在交易机制认知、风险控制、利益诉求等方面存在不同，双方发生分歧和争议在所难免。这些纠纷发展到一定程度，就可能申请仲裁或进行诉讼。为了提示交易者，吸取已有的经验教训，避免重蹈覆辙，本章介绍了10个真实的期货民事案件。这些案件的判决书选自最高人民法院中国裁判文书网。本章对各判决书进行了整理、简化，隐去了当事人的真实姓名，在此基础上，结合各案件内容特点撰写了给交易者的思考与启示，以更好地提示、警示交易者。

案例15-1：远离非法期货 谨防上当受骗

关键词：非法期货

一、案件还原

2014年5月4日至2016年3月28日，刘某伙同赵某，以北京某资产管理有限公司的名义，对外虚构贵金属现货、期货及股票交易等业务，以承诺投资可获取高额回报为诱饵，吸引社会不特定公众进行投资，先后骗取82名被害人投资款共计人民币1.8亿余元，其中骗取被害人陈某投资款共计人民币3961197元。

本案中，北京某资产管理有限公司对外宣称主要从事私募基金、贵金属现货、股指期货等交易。刘某负责发展客户、收取投资款并进行返利，赵某向部分被害人、投资人谎称自己具体负责黄金期货等投资交易的操盘，能够确保资金安全。刘某伙同赵某以该公司的名义，通过与被害人签订投资管理委托协议书等协议的方式，由被害人委托该公司进行所谓的贵金属现货、期货及股票交易；该公司对被害人投入资金进行全封闭独立操作，被害人不得干预该公司独立操作，并承诺一定期限后返还被害人全部投资本金，投资盈利按照比例分配，如盈利未达投资本金的50%，差额部分由该公司补齐支付。被害人通常以银行转账等方式，向刘某个人银行账户支付投资款，刘某及赵某将各自分得的赃款用于个人消费等支出，最终造成无法偿还被害人巨额经济损失。法院经审理认为，刘某及赵某以非法占有为目的，以北京某资产管理有限公司名义使用诈骗方法非法集资，数额特别巨大，其行为均已构成集资诈骗罪，依法应予惩处。

二、案例评析

近年来，市场出现了一些打着“金融创新”“经济新业态”“资本运作”等幌子的非法集资活动，对资本市场的正常管理秩序造成严重破坏。上述案件中，刘某及赵某二人明知该公司未经国家有关主管部门批准，没有向不特定公众募集资金的资质，没有真实对外投资项目的情况下，仍以非法占有为目的，虚构贵金属现货、期货及股票交易等业务，以投资可获得高额返利为诱饵，骗取众多被害人巨额钱款。此外，因二人组建的北京某资产管理有限公司兼营私募基金、贵金属现货、股指期货等多种业务，跨界经营，行为模式更加复杂隐蔽，增加了公安、司法机关对于案件调查认定的难度。

为依法严厉打击非法吸收公众存款、集资诈骗等非法集资违法犯罪活动，2019年1月30日，最高人民法院、最高人民检察院和公安部联合印发了《关于办理非法集资刑事案件若干问题的意见》（以下简称《意见》)，进一步强调对网络借贷、投资理财、私募股权、养老服务等新兴领域非法集资的“重灾区”进行打击。《意见》规定人民法院、人民检察院、公安机关认定非法集资的“非法性”，应当以国家金融管理法律法规作为依据。根据《期货交易管理条例》规定，开展期货业务，应当在公司登记机关登记注册，并经中国证监会批准。未经批准，任何单位或者个人不得设立或者变相设立期货公司，经营期货业务。

在此提醒广大中小交易者，期货交易具有高杠杆、高风险的特点，参与期货交易应当通过合法的期货经营机构。根据《证券期货投资者适当性管理办法》要求，期货经营机构在从事经纪业务时，应当主动向交易者提示期货交易风险，并不得向客户作获利保证，不得与客户约定分享利益或共担风险。交易者要抵制诱惑，远离非法集资，护好自己的“钱袋子”，并可以通过中国证监会网站（www. csrc. gov. cn）和中国期货业协会网站（www. cfachina. org）查询合法期货经营机构及从业人员信息。

案例 15－2：全权委托需谨慎

关键词：全权委托　账户亏损　责任承担

一、案件还原

被告葛某系某期货公司投资部经理，2011 年 4 月，原告吴某在被告所在期货公司开立期货账户，账户期初金额为人民币 5993610. 53 元。同年 5 月，被告接受原告全权委托，双方以口头方式建立委托理财合同关系，由原告聘请的交易员根据被告的交易指令进行期货、股票交易操作。2011 年 7 月至 2013 年 2 月期间，原告累计向被告支付人民币 195300 元。2013 年 5 月，被告借走原告的交易软件加密狗，此后由被告直接使用原告账户进行交易操作。2013 年 7 月 15 日，被告签署承诺书，承诺 2013 年 12 月 31 日前通过操作使原告账户总资产达到人民币 600 万元，若未能达到由被告负责补偿差额。同年 9 月 17 日，被告再次签署承诺月均收益超过 1%，不足部分将补足。同年 11 月 17 日，被告再次签署承诺书表示若没有补足，以自有房产抵押，但随后将上述内容去掉。

由于原告账户自 2011 年 12 月 2 日起开始出现连续亏损，截至 2013 年 11 月 18 日原告平仓时，该账户亏损为人民币 1219310. 53 元。原告遂起诉至法院要求被告返还其之前支付给被告的盈利收益人民币 195300 元，并要求被告赔偿损失。

本案经过法院一审及二审。法院认为，被告葛某违反了期货从业人员不得接受客户全权委托的禁止性规定。原告吴某作为证券、期货投资客户，理应知晓并承担市场风险，且签署的客户须知中已被明确告知客户不得要求期货公司或其工作人员以全权委托的方式进行期货交易，且在长达两年多的委托期间内仅在持续亏损后方提出异议，因而原告吴某对无效合同及其资金损失亦存在一定过错，应承担部分责任。

法院判决：原告吴某与被告葛某于2011年5月订立的口头委托理财合同无效；由原告吴某自行承担40%，由被告葛某承担60%的赔偿责任；被告葛某应偿付原告吴某资金损失人民币731586.32元并返还原告吴某人民币195300元。

二、案例评析

本案中，被告违反了期货从业人员不得接受客户全权委托的法律规范的禁止性规定，故其作为受托主体签订的委托理财合同属于违反法律规范的禁止性规定进而损害社会公众利益的情形，依法应被认定为无效。根据《合同法》（《民法典》于2021年1月1日起施行，本案发生时适用《合同法》）规定，因无效合同取得的财产应当予以返还，有过错的一方应赔偿对方因此所受到的损失，双方都有过错的，应当各自承担相应责任。被告作为期货从业人员，具有较高的期货专业认知能力，应当知晓双方违法约定的不利后果，但仍接受客户全权委托直接进行期货交易操作并收取佣金，其过错程度较大，应对原告损失承担主要过错责任。原告作为交易者，在其签署的“客户须知”中已被明确告知不得要求期货公司或其工作人员以全权委托的方式进行期货交易，仍全权委托被告进行交易，且在长达两年持续亏损后方提出异议，故其对损失亦存在次要过错。因此，综合考虑双方各自的过错程度，法院酌定原、被告双方按照4∶6的比例对原告的损失进行分担。

《期货和衍生品法》第六十六条规定：“期货经营机构接受交易者委托为其进行期货交易，应当签订书面委托合同，以自己的名义为交易者进行期货交易，交易结果由交易者承担。期货经营机构从事经纪业务，不得接受交易者的全权委托。”《最高人民法院关于审理期货纠纷案件若干问题的规定（一）》第十七条规定：“期货公司接受客户全权委托进行期货交易的，对交易产生的损失，承担主要赔偿责任，赔偿额不超过损失的百分之八十，法律、行政法规另有规定的除外。”《期货从业人员管理办法》第十四条进一步明确规定：“向客户提供专业服务时，充分揭示期货交易风险，不得作出不当承诺或者保证；不得以本人或者他人名义从事期货交易。”

为了维护期货市场正常交易秩序，保护交易者合法权益，法律法规规定了上述期货从业人员的从业禁止性规定。但在实践中，仍然存在个别期货公司工作人员为了获得提成和业绩奖励，增加收入，在开发客户和提供后续服务过程中，主动劝诱或迎合交易者需求，接受交易者全权委托，为其从事期货交易。在此提醒期货从业人员，应当严格遵守法律法规要求，勤勉尽责，审慎履职。同时，也提醒广大的中小交易者，不要将期货账户全权委托给期货公司工作人员，其他受托人员则要密切关注其交易过程，及时登录中国期货市场监控中心网站查询交易结果，了解账户资金、盈亏、持仓和交易情况。

案例 15－3：你了解强行平仓吗？

关键词：强行平仓　通知义务　追加保证金

一、案件还原

2009 年 10 月 27 日，原告倪某与被告某期货公司签订期货经纪合同，约定原告倪某委托被告按照其指令为其进行期货交易；在“通知与确认”一节约定，为确保被告能够履行通知义务，原告倪某及时了解自己账户的交易情况，双方同意利用中国期货市场监控中心交易者查询服务系统作为被告向原告倪某发送交易结算报告、追加保证金通知、强平通知等文件的主要通知方式；在“风险控制”一节约定，原告倪某在持仓过程中，应当随时关注自己的持仓、保证金和权益变化情况，并妥善处理自己的交易持仓。原告倪某的交易保证金不足，又未能及时追加保证金的，原告必须自行采取平仓措施，否则被告有权对原告所持头寸采取强制平仓措施。双方同时约定，交易过程中（包括但不限于交易行情急剧变化或因交易所调整风险控制措施等原因导致），若原告倪某可用资金为零，应承担由此造成的后果。签订期货经纪合同之前，原告倪某在“期货交易风险说明书”及“客户须知”上签字，确认已阅读并完全理解该两份文件中各项内容。

2016 年 4 月 22 日下午收盘后，原告倪某的客户结算报告显示，其持仓焦炭 1701 合约空单 3 手，可用资金为 -7519.83 元，结算报告中有追加保证金通知书，通知原告在第二天开盘前 30 分钟内补足所需追加的保证金 7519.83 元，若不能在规定的时间内补足保证金，被告某期货公司将有权对原告的部分或全部头寸进行强平，直到恢复被告公司规定的保证金比例。当日 20：53，原告倪某登录被告交易平台，按委托价格 990 元/手于 20：55 下达交易指令，但因委托价位不在涨跌幅度内，指令被拒绝。原告于当日 22：01 登录，登录期间内，原告曾进入“交易者结算单确认查询”页面。

2016 年 4 月 22 日 21：00 夜盘开盘，焦炭 1701 合约夜盘开盘价为 1070 元，至 22：19，焦炭 1701 合约价格快速上涨为 1129 元，按照被告的保证金比例 15%，在此价位原告持仓所需保证金为 50805 元，需追加保证金 29082.33 元；按大连商品交易所保证金比例计算，原告持仓保证金应为 27096 元，需追加保证金 5374 元，交易所风险度为 125%。在此情况下，被告于 22：20 对原告持仓的 1 手焦炭 1701 合约执行了强平，成交价 1129.50 元。原告被平仓合约买入价为 982 元，平仓造成原告损失 14750 元。

本案经过法院一审、二审及再审认为，被告某期货公司已经按照法律规定及合同约定及时履行了通知义务，在强行平仓的过程中不存在违反法律、合同约定的行为。原告倪某对账户风险未尽到积极注意及管理义务而造成损失，应当自行承担。

二、案例评析

《期货和衍生品法》第四十一条第二款规定：“交易者的保证金不符合

结算参与人与交易者约定标准的，结算参与人应当按照约定通知交易者在约定时间内追加保证金或者自行平仓；交易者未在约定时间内追加保证金或者自行平仓的，按照约定强行平仓。”根据《最高人民法院关于审理期货纠纷案件若干问题的规定（一）》第三十六条第二款规定：“客户的交易保证金不足，又未能按期货经纪合同约定的时间追加保证金的，按期货经纪合同的约定处理；约定不明确的，期货公司有权就其未平仓的期货合约强行平仓，强行平仓造成的损失，由客户承担。”

本案中，原、被告双方签订的期货经纪合同系双方真实意思表达，合法有效，双方均应受合同约束。原告倪某作为适格的期货交易主体，在被强制平仓前明知账户风险已经达到合同约定的追加保证金条件，应对账户更为注意，并对市场可能出现的相关风险做好应变的准备，避免账户因风险度过高被强行平仓，但其却在系统提示追加保证金和开市后，未对自己账户及时采取应对措施，因此对于被强制平仓造成的损失应自行承担。

在此提醒广大中小交易者，强行平仓是期货公司根据有关规定，为控制期货交易风险，对交易者的持仓实行平仓的强制措施。期货公司会在期货经纪合同中与交易者约定执行强行平仓前的通知方式，除采用“中国期货市场监控中心查询系统”作为主要通知方式外，一般会约定通过电话、短信、交易系统信息、电子邮件、传真、邮寄等方式发出。交易者应及时关注自身账户资金、盈亏、持仓和交易情况，变更联系方式后也应及时告知期货公司，以免造成不必要的损失。

案例 15－4：交易者适当性知多少？

关键词：交易者适当性　风险揭示义务　告知说明义务

一、案件还原

原告夏某于 2016 年 9 月 29 日在被告某期货公司处开设期货交易账号。2016 年 9 月 27 日，夏某在做风险测评时，在“您认为自己能够承受的最大损失为”问题中选择“C. 30%～50%”，“您的投资经验可以被概括为”

问题中选择“A. 非常丰富：我是一位非常有经验的交易者，参与过权证、期货或者创业板等高风险产品的交易”。夏某于2016年9月27日通过网络向某期货公司申请开户，公司客服人员通过网络视频向夏某提问：“请问夏先生您是否认真阅读并完全理解了期货交易风险揭示书、客服须知以及《期货经纪合同》的相关条款呢？”“交易的风险都知道了吗”，夏某分别回答“阅读了，也理解了”“知道了”。

被告某期货公司（甲方）与原告夏某（乙方）通过网络签订了期货经纪合同。合同约定乙方委托甲方按照乙方交易指令为乙方进行期货交易。甲方根据期货交易规则执行乙方交易指令，乙方应当对交易结果承担全部责任。乙方申请实物交割，应符合期货交易所的相关规定。乙方申请实物交割的，应当在甲方规定的期限前向甲方提交足额的交割保证金或者有效的标准仓单等期货交易所要求的凭证或票据，并保证资金来源的合法性和凭证、票据的真实性。超过上述规定的期限，乙方未下达平仓指令，也未向甲方提交足额的交割保证金、凭证或票据的，甲方有权在未通知乙方的情况下，对乙方的未平仓合约进行平仓，由此产生的费用和造成的结果由乙方承担。

开户时，原告夏某在被告某期货公司提供的客户须知、期货交易风险说明书上签名。客户须知载明，客户应当知晓从事期货交易具有风险，全面评估自身的经济实力、产品认知能力、生理及心理承受能力等。期货交易风险说明书载明，客户必须认真阅读并遵守期货交易所和期货公司的业务规则，如果客户无法满足期货交易所和期货公司业务规则的要求，客户所持有的未平仓合约将可能根据有关规则被强行平仓，客户必须承担由此产生的后果。

2017年4月28日，被告某期货公司客服人员电话联系原告夏某，告知其持有的案涉1705合约即将到期，如当日不卖出，该合约将被强行平仓。原告夏某遂于当日自行将其持有的案涉玉米淀粉1705合约全部卖出。原告夏某在将其持有的案涉1705合约平仓后，向法院提起诉讼。

法院经审查认为，原告夏某应于2017年4月24日之前告知被告某期货公司其案涉期货合约即将到期的主张并无法律依据。根据《大连商品交易所交割细则》第四条规定，个人客户持仓不得交割，自交割月份第一个交易日起，交易所对个人客户交割月份合约的持仓予以强行平仓。原告夏某作为期货交易者有义务主动了解期货交易的基本规则和风险，对持有账户的交易负责。《证券期货投资者适当性管理办法》第二十条、第二十四条规定了经营机构应当向普通交易者告知特别的风险点，告知内容应当真实、准确、完整等，被告某期货公司已经履行了期货交易的风险提示义务及告知义务。原告夏某未能认真阅读并遵守交易所和期货公司的业务规则导致的损失应当由其自行承担。

二、案例评析

交易者适当性管理是现代金融服务的基本原则和要求，健全有效的适当性制度，对于资本市场稳定健康发展具有十分重要的意义。证监会发布实施的《证券期货投资者适当性管理办法》（以下简称《办法》），围绕评估交易者风险承受能力和产品风险等级、充分揭示风险、提出匹配意见等核心内容，规范落实证券期货经营机构的适当性义务，保障交易者合法权益。

根据《办法》第二十条规定，经营机构向普通交易者销售高风险产品或者提供相关服务，应当履行特别的注意义务，包括制定专门的工作程序，追加了解相关信息，告知特别的风险点，给予普通交易者更多的考虑时间，或者增加回访频次等。本案中，被告于 2017 年 4 月 24 日起已在其网站上多次提醒对案涉合约即将到期，客服人员于 2017 年 4 月 28 日通过电话告知原告案涉合约即将到期，电话告知并非唯一的提示途径，已属于“给予普通交易者更多的考虑时间”的情形。综上，法院认为被告已及时进行了风险提示。

在此提醒广大中小交易者，期货交易者分为普通交易者与专业交易者，专业交易者可直接购买所有产品或服务，不需要进行适当性测评。普通交易者向期货公司购买产品或服务时，需要提供真实有效的信息，填写风险承受能力调查问卷。经营机构根据了解的交易者信息，结合问卷评估结果，综合评估其风险承受能力。当交易者信息发生变更影响适当性评级等级，需及时联系期货公司进行变更。

同时，期货经营机构应积极承担“告知说明义务”和“风险揭示义务”，确保推荐的期货产品或服务符合交易者的风险承受能力。当产品风险等级与交易者风险等级不匹配时，期货经营机构应当以交易者能够充分了解的方式向交易者说明产品或服务的运作方式，将最大损失风险以显著、必要的方式作出特别说明。

案例 15－5：揭示个股场外期权风险

关键词：个股场外期权　自然人交易者

一、案件还原

2017 年 12 月，钟某、叶某 1、叶某 2 控制福建省福州市的“福州某信息咨询有限公司”，开始以公司化运作模式实施诈骗活动。该公司首先与刘某约定，利用其资管产品认购人的通道购买股票期权，投资人的经济损失转入刘某的账户后，除刘某截留一定的手续费外，余款全部返还。2017 年 12 月 22 日，刘某、陈某与深圳某资本管理有限公司签订“金汇资本——长发 3 号资产管理合同”，开始认购资管产品。该产品推出后，深圳某资本管理有限公司分别与浙江某资本管理有限公司、上海某投资管理有限公司、北京某资本管理有限公司签订了“中国证券市场金融衍生品交易主协议”，进行个股场外期权对手方交易。福州某信息咨询有限公司分别于 2018 年 1 月 3 日、1 月 30 日、3 月 29 日与上述三家期货公司的风险子公司签订了“中国证券期货市场场外衍生品交易主协议（2014 年版）”，约定作为股票期权的买方，与上述三公司进行交易。

通道打通后，钟某、叶某 1、叶某 2 等人即组织公司员工通过网络诱骗被害人购买其推荐的“金汇资本——长发 3 号”的股票期权。公司设推广部、市场部、人事部、技术部、财务部、客服部。推广部员工编造虚假投资股票赚钱案例，编辑股票走势图，配以荐股、领牛股、跟着牛人炒股等图片，打着高收益的噱头在网站发布诈骗广告，在广告中留下没有任何荐股资质及股票从业经验的市场部员工的微信号，并冠以“股票专员”“高级股票专员”“投资助理”等名衔，将被害人“引流”到公司市场部。被害人添加市场部员工微信之后，假冒高级股票专员等身份的市场部员工，向客户发送公司技术部制作的虚假赚钱案例、虚假转账截图等，夸大投资股票期权的收益率，将被害人拉进自己建立的股票微信交流群，市场部的其他人员在该群里冒充客户互动，通过发跟着公司赚钱的话术，互相配合共同取得被害人的信任，从而诱骗被害人将钱打到公司账户。

法院经审理认为，被告人钟某、叶某1、叶某2、刘某等人伙同他人，以非法占有为目的，采取虚构事实、隐瞒真相的方法骗取被害人财物，其行为均已构成诈骗罪。

二、案例评析

本案中，被告人钟某、叶某1、叶某2、刘某等人伙同他人，利用个别期货公司风险子公司的管理疏漏，通过与其签订“中国证券市场金融衍生品交易主协议”，进行个股场外期权对手方交易，并通过网络宣传，引诱大量没有风险承受能力的散户，参与个股场外期权交易。

期货公司风险子公司开展场外期权业务，应当接受中国期货业协会的自律管理。根据中国期货业协会于2018年发布的《关于进一步加强风险管理公司场外衍生品业务自律管理的通知》，期货公司风险子公司应当采取必要措施，对交易者尤其是私募基金等非持牌机构的真实身份、资金来源合法性、产品合同中对场外衍生品是否约定、相关风险是否揭示等进行核实；审慎核查交易者真实交易目的，核验交易者是否具有真实的风险管理需求，确认相关投资符合法律法规规定；确认交易对手方的资金来源为依法依规取得的资金，不存在非法汇集他人资金或违反反洗钱规定的有关情况；期货公司风险子公司不得为自然人办理场外期权相关业务。协会2019年发布修订后的《期货公司风险管理公司业务试点指引》进一步明确规定，期货公司风险子公司开展场外衍生品业务，不得与自然人签订业务合同或开展场外衍生品交易。

在此提醒广大交易者，应当提高风险防范意识，非正规平台不具备相应金融业务资质，不接受监管部门监管，资金流向无法识别监控，如在生活中发现上述不法平台，请及时向公安机关报案或向当地金融监管部门揭发检举。同时，也提醒期货公司风险子公司，在为法人客户/交易对手方销售产品或提供服务时，应当勤勉尽责履行客户身份识别义务，进一步维护期货行业的健康稳定发展。

案例 15－6：合规执业　审慎履职

关键词：审慎履职　廉洁从业

一、案件还原

2013 年 1 月，被告某期货公司的业务员李某向原告沈某推荐该期货公司的保本无风险年收益 12% 的理财产品。原告沈某同意购买后，李某于 2013 年 1 月 9 日为沈某办理了开户手续，并签订了期货交易风险说明书、客户须知、期货经纪合同、开户申请表等一系列开户文件。2013 年 1 月 10 日，原告的期货账户首次进行了客户登录并修改了初始交易密码，并分别于 2013 年 1 月 10 日、1 月 14 日共入金 200 万元，2013 年 1 月 15 日出金 20 万元，2013 年 8 月 2 日出金 272479 元；截至 2013 年 8 月 31 日，该账户期末结存 0.42 元、手续费 223160.58 元、总盈亏 －1304360 元。

沈某后向中国证券监督管理委员会北京监管局进行投诉。经调查，李某在沈某的开户申请表中留存了他人的电话，造成沈某未能接听到期货公司的回访电话。从被告某期货公司提供的商品期货开户标准回访记录（居间人客户版）的内容来看，原告沈某无法获悉期货交易风险以及严禁工作人员从事代客理财业务、严禁工作人员对客户做获利保证以及妥善保管交易密码和资金密码等重要内容。因此，李某的上述行为存在明显过错。2014 年 8 月 20 日，中国期货业协会因李某的上述行为，决定给予李某“撤销从业并在 3 年内拒绝受理其从业申请”的纪律惩戒。

沈某在向监管部门提出投诉后，向法院起诉了被告某期货公司，法院经过一审和二审后认定：被告某期货公司有义务向沈某充分揭示期货交易风险。该期货公司与原告沈某签订的期货交易风险说明书、告知书，亦能证明该期货公司知晓其基本义务。本案中，被告李某在开户申请表中未如实填写原告沈某电话号码，致使沈某未能接听到回访电话。因李某与沈某签订期货经纪合同包括开户申请表时代表被告某期货公司，属于李某在该期货公司经营范围内从事的期货交易行为，故依照《最高人民法院关于审理期货纠纷案件若干问题的规定（一）》第八条规定："期货公司的从业人员在本公司经营范围内从事期货交易行为产生的民事责任，由其所在的期货公司承担。"法院酌定判决被告某期货公司向原告沈某赔偿损失223160.58元。

二、案例评析

《期货从业人员管理办法》第十四条规定："期货从业人员应当遵守下列执业行为规范：（一）诚实守信，恪尽职守，促进机构规范运作，维护期货行业声誉；（二）以专业的技能，谨慎、勤勉尽责地为客户提供服务，保守客户的商业秘密，维护客户的合法权益；（三）向客户提供专业服务时，充分揭示期货交易风险，不得作出不当承诺或者保证；（四）当自身利益或者相关方利益与客户的利益发生冲突或者存在潜在利益冲突时，及时向客户进行披露，并且坚持客户合法利益优先的原则；（五）具有良好的职业道德与守法意识，抵制商业贿赂，不得从事不正当竞争行为和不正当交易行为；（六）不得为迎合客户的不合理要求而损害社会公共利益、所在机构或者他人的合法权益；（七）不得以本人或者他人名义从事期货交易；（八）协会规定的其他执业行为规范。"李某的行为明显违反了上述规定，给沈某及其所在的期货公司均造成了损失。为促进期货业健康发展，保护交易者合法权益，中国期货业协会于2020年3月12日发布了《期货经营机构及其工作人员廉洁从业实施细则》，进一步加强对期货经营机构及其工作人员廉洁从业的自律管理。

期货从业人员应当严格遵守法律法规，在执业过程中应当对期货交易各方高度负责，诚实守信，恪尽职守，珍惜、维护期货业和从业人员的职业声誉，保障期货市场稳健运行；以小心谨慎、勤勉尽责和独立客观的态度为交易者提供服务，维护交易者的合法权益。

案例 15－7：关于期货交易软件那些事儿

关键词：期货交易软件　附随义务

一、案件还原

原告邱某是被告某期货公司客户，长期通过该期货公司进行期货交易。该期货公司向客户提供了电话交易和网上交易等多种交易方式，其中包括一款由某公司设计和维护的网上期货交易软件。原告邱某与被告某期货公司签订的期货经纪合同的免责条款中约定："由于通信系统繁忙、中断，计算机交易系统故障，网络及信息系统故障，电力中断等原因导致指令传达、执行出现延迟、中断或数据错误，期货公司没有过错的，不承担责任。"2010 年 1 月 7 日，期货市场开盘后，大连商品期货交易所多个期货合约的价格出现大幅下跌。当日上午 10 时至 10 时 15 分，该网上交易系统出现客户登录缓慢和无法正常登录交易的异常情况。被告经调查后，确定是某公司提供的交易软件程序处理故障导致客户在该时段无法正常交易。异常发生时，被告网上交易链路带宽、网上交易在线人数、核心中间件、核心数据库等都处于正常状态，且具有较大冗余度，维护人员无不规范操作。原告邱某起诉至法院，主张自己在当日持有大量期货合约，本拟在 10 时全部平仓，因上述故障致使其无法及时成交，只能在 10 时 15 分后以较低价格平仓，造成了 122 万元的损失，要求判令期货公司全额赔偿。

法院一审认为：首先，被告对于交易系统故障的发生不具有过错。导致故障发生的原因在于软件开发商某公司，而非被告，被告并不具备排除技术问题及避免风险的客观条件，所故障的发生不应属于期货公司的违约行为。其次，期货经纪合同签订当时，被告就网上期货交易存在的风险进行了揭示，邱某签署了风险说明书，应当对其使用网上交易方式进行期货交易可能面临的风险及该风险所导致的后果有所预估。再次，根据期货经纪合同免责条款的约定，被告某期货公司不应承担责任。

法院二审认为，虽然网上交易软件系统并非被告设计且负责维护，但却是该公司提供给客户用于传达交易指令的工具，该公司负有通知、协助、保护等合同附随义务，应避免因自己提供的软件或服务损害客户的合法权益。被告未经充分测试即提供客户使用，导致系统在交易期间发生故障，违反了其应尽的注意义务，构成违约，应当就此对造成的客户损失承担赔偿责任。从法定免责事由考虑，此事故不属于不可抗力。同时认为，即使从公平角度考虑，系统故障此种小概率事件的风险也应当较多地分配给期货公司，而非交由一般交易者负担。就赔偿金额问题，二审法院认为该故障直接导致的只是邱某在故障时间段使用该系统进行交易的机会丧失。由于受损的交易机会并未实际发生交易，只能采取估算方式，根据机会发生的概率采取减损措施等因素综合计算，因此撤销一审判决，改判被告赔偿原告损失人民币 34 万元。

二、案例评析

我国《合同法》（《民法典》于 2021 年 1 月 1 日起施行，本案发生时适用《合同法》）所确立的合同履行原则，不仅要求全面履行约定义务，同样也要求根据诚实信用原则、合同的性质与目的及交易习惯履行附随义务。本案中，被告接受原告交易指令为其提供期货交易是该期货公司的主要合同义务。为实现该主要义务，被告为原告提供了多种交易途径，允许客户通过这些软件由自备的电子计算机、智能手机等终端向期货公司发送交易指令，并在期货公司设置对应的指令接受网关和服务器，接受交易指令。虽然交易系统并非该期货公司设计和维护，但却是其提供给客户用于传达交易指令的工具。因此，被告负有通知、协助、保护等合同附随义务，避免因自己提供的软件或服务损害客户的合法权益。

此外，虽然原告与被告签订的期货经纪合同约定："由于通信系统繁忙、中断，计算机交易系统故障，网络及信息系统故障，电力中断等原因导致指令传达、执行出现延迟、中断或数据错误，期货公司没有过错的，不承担责任。"但二审法院在判决中认为，本案中该期货公司对自己管控的设备怠于进行充分调试，导致存在瑕疵的软件被实际使用，应就其过失承担赔偿责任。

对于期货公司而言，在日常经营过程中应当尽到充分、合理的注意义务，通过对交易系统定期或不定期的测试发现系统可能存在的瑕疵，及时更新修补；并应对交易者进行必要的提示和指导，以避免因交易系统故障而致使交易者遭受损失。

案例 15-8：现货交易平台能开展期货业务吗？

关键词：现货交易平台 非法经营罪

一、案件还原

2013 年 12 月 9 日，某省金融工作办公室下发《关于设立某省有色金属交易中心的批复》，同意某省设立有色金属交易中心（以下简称“金属交易中心”）。2014 年 3 月 28 日，金属交易中心注册成立，注册资本 2000 万元人民币，经营范围为钼、钛、镁、钒、汞、镍、银等有色金属的批发、零售、配送及提供信息咨询、培训电子交易平台等相关服务；有色金属资源、物料及衍生品的研发；化工产品的批发、零售、配送及研发。

原告陈某自 2015 年 8 月 7 日至 2015 年 9 月 11 日在金属交易中心网上交易平台开设账户进行现货延期交收交易，以入金与出金的差额计算，损失金额共计人民币 89717.48 元。陈某后向法院以其在金属交易中心进行现货延期交收交易为非法期货交易为由，起诉了该金属交易中心，要求金属交易中心赔偿其损失 89717.48 元。

本案经过法院一审、二审及再审，认为：案涉交易符合期货交易活动的构成要件。金属交易中心作为现货交易场所，未经批准开展了期货交易活动，属于《期货交易管理条例》第七十五条规定的“非法组织期货交易活动”的情形。原审认定案涉交易性质为现货延期交收交易显属不当，应予纠正。根据《合同法》第五十二条第五项规定，案涉交易因违反了《期货交易管理条例》第四条、第六条效力性强制性规定，应属无效（《民法典》于 2021 年 1 月 1 日起施行，本案发生时适用《合同法》）。

二、案例评析

本案中，金属交易中心属于现货交易市场，未经批准不得开展任何形式的期货交易活动。根据某省金融工作办公室《关于设立某省有色金属交易中心的批复》及工商行政管理部门核定的经营范围，可以认定金属交易中心属于经批准设立的现货交易场所。《期货交易管理条例》第六条规定："设立期货交易所，由国务院期货监督管理机构审批。未经国务院批准或者国务院期货监督管理机构批准，任何单位或者个人不得设立期货交易场所或者以任何形式组织期货交易及其相关活动。"故金属交易中心作为现货交易场所，未经国务院批准或国务院期货监督管理机构批准，不得以任何形式组织期货交易及其相关活动。本案中金属交易中心实质上组织了期货交易相关活动：

（1）案涉交易对象为标准化合约。本案中，根据金属交易中心交易规则，陈某下单时以建仓单的形式反映，每次交易在交割单中仅可对买卖方向、手数进行选择，其他交易参数包括品种、数量、质量、预付定金、报价单位、最小变动单位均由交易系统事先设定，交易标的具有同质性或可替代性，相对固定。订立合约时，不需要全额付款，而只缴纳商品价值的一定比例作为保证金，即可买入或者卖出；合约订立后，可以不实际履行，通过反向操作、对冲平仓方式，了结合约。

（2）案涉交易方式为集中交易。本案中，金属交易中心的会员单位即时向客户提供交易价格，报价主体和成交主体均为同一主体，符合做市商机制的特征。

（3）除了符合期货交易的基本形式要件外，案涉的"交易者入市协议书"还约定，当客户的持仓风险率小于100%时，客户交易订金不足，需要追加交易订金，否则客户只能减少持有的头寸，直至客户账户风险率等于或者大于100%，当客户账户风险率低于50%时，金属交易中心将客户的未平仓合约进行全部强行平仓。

（4）陈某向金属交易中心银行账户存入保证金，金属交易中心收到陈某真实资金后，在交易电子盘内为其交易账号注入等额虚拟资金。陈某通过金属交易中心的交易平台系统多次进行交易，所有交易均以对冲平仓方式了结，未发生实物交收。综上，双方交易的实质目的并非转移实物的所有权，而是通过价格涨跌获得收益，符合期货交易的标准化合约、做市商机制、保证金交易、对冲平仓等特征。

同时，《期货和衍生品法》第十一条规定："期货交易应当在依法设立的期货交易所或者国务院期货监督管理机构依法批准组织开展期货交易的其他期货交易场所（以下统称期货交易场所），采用公开的集中交易方式或者国务院期货监督管理机构批准的其他方式进行。禁止在期货交易场所之外进行期货交易。"因为期货交易具有特殊的金融属性和风险属性，直接关系到经济金融安全和社会稳定，必须在经批准的特定交易场所，遵循严格的管理制度规范进行。《期货和衍生品法》第十一条规定虽未明确载明违反该规定将导致交易无效或不成立，但若将违反上述规定、未经批准在期货交易场所以外开展的期货交易行为认定为有效，极有可能扰乱期货交易秩序，引发经济金融风险并影响社会稳定。因此，《期货和衍生品法》第十一条的规定属于效力性强制性规定。根据《合同法》第五十二条第五项规定，案涉交易因违反了上述效力性强制性规定，应属无效（《民法典》于2021年1月1日起施行，本案发生时适用《合同法》）。

在此提醒广大中小交易者：一是商品现货交易的目的是获得或转让现货商品的所有权；期货交易中，套期保值者的目的是规避风险，投机者的目的是获得投机利润，套利者的目的是获得低风险收益。二是商品现货不得采取国发〔2011〕38号和国办发〔2012〕37号文件中禁止的集合竞价、连续竞价、电子撮合、匿名交易、做市商等集中交易方式。三是期货交易应当在国务院批准、受中国证监会集中统一监督管理的期货交易场所内开展，截至目前共有4家，分别为上海期货交易所、郑州商品交易所、大连商品交易所、中国金融期货交易所、广州期货交易所。

案例15－9：什么是期货居间人？

关键词：期货居间人

一、案件还原

被告林某（乙方）与某期货有限公司（甲方）签订居间协议约定：林某愿意以居间人的身份，受甲方或客户委托为甲方和客户提供订约机会，乙方作为居间人为甲方介绍期货投资客户，并在客户签署由甲方出具的《期货经纪合同》后，甲方按约定向乙方支付居间报酬。2010年9月16日，原告杨某同某期货有限公司签订《期货经纪合同》，居间人为被告林某。

原告杨某在知晓被告林某居间人身份情况下，将账户委托林某代为操作。2010年10月11日，杨某汇入30万元至账户。截至2010年10月28日，杨某账户资金达556774元。而在2010年10月29日至2010年11月15日期间，杨某账户资金为62684.88元。从2010年11月16日至2011年1月10日，杨某账户资金回升至75218.06元。杨某后向法院起诉林某。

本案经过法院一审、二审及再审认为：被告林某作为居间人，促成原告杨某与案外人某期货有限公司签订了期货经纪合同。杨某主张林某套取了其账户密码进行操作并造成其资金损失，但杨某提交的现有证据并不足以证明林某实施了该侵权行为。虽然案外人某期货公司因杨某的投诉而先后与其签订两份协议书，并给予杨某20万元的补偿款，但并不能据此得出林某已实施杨某所述侵权行为的结论。此外，杨某主张林某操作其账户造成其资金损失的期间，其亦使用多个IP地址登录交易系统进行操作，亦应依法认定为其对此前交易结果的确认。综上所述，杨某的诉讼请求，缺乏证据证明，不予支持。

二、案例评析

期货居间人是接受期货公司或者交易者的委托，为其提供订约机会或者订立《期货经纪合同》的中介服务的自然人或法人。期货居间人并非期货公司的从业人员，与期货公司没有隶属关系。根据《最高人民法院关于审理期货纠纷案件若干问题的规定（一）》第十条规定："公民、法人受期货公司或者客户委托，作为居间人为其提供订约的机会或者订立期货经纪合同中介服务的，期货公司或者客户应当按照约定向居间人支付报酬。居间人应当独立承担基于居间经纪关系所产生的民事责任。"期货居间人的业务范围，仅限于依据其与期货公司订立的居间协议约定，为期货公司介绍客户，为期货公司和客户提供订约机会，不得超出合同约定开展期货委托理财活动。

期货居间人的存在丰富了期货市场的交易者服务体系，缓解了期货市场中期货公司与交易者之间信息不对称的矛盾，并且大多数期货居间人能够做到依法合规执业。但在实践中，一些期货交易者由于缺乏专业知识和时间精力，将其期货账户全权委托给期货居间人，使两者之间由居间关系转变为委托代理关系。个别缺乏职业道德的期货居间人利用这种信任，违反协会出台的《期货公司居间人管理办法（试行）》相关规定，采取恶意炒单、侵占客户资金等手段，损害交易者合法权益，影响了交易者参与期货市场的信心。

在此提醒广大中小交易者，不要轻易将期货账户委托给期货居间人。期货交易具有高杠杆、高风险的特点，需具备较高的专业性，交易者应当及时登录中国期货市场监控中心网站查询交易结果，并根据自身财力及风险承受能力，审慎决策，不要被所谓的高额回报所诱惑。

案例 15-10：期货交易保证金比例计算标准如何衡量？

关键词：期货交易保证金

一、案件还原

2014 年 1 月 27 日，原告杨某作为乙方与甲方被告某期货公司签订期货经纪合同一份，该份合同包含期货交易风险说明书、客户须知、自然人客户开户申请表。期货经纪合同约定："甲方以风险率来计算乙方资产账户的期货交易风险，风险率分为客户风险率和交易所风险率，风险率的计算方法为：客户风险率 = 甲方保证金比例标准的持仓保证金占用/客户权益（即总资产）×100%，交易所风险率 = 交易所保证金比例标准的持仓保证金占用/客户权益（即总资产）×100%，甲方统一计算乙方在不同期货交易所的未平仓合约风险；当乙方资产账户客户风险率大于100%时，甲方将于当日交易结算报告中通知乙方追加保证金，乙方应在下一交易日开盘前追加保证金，直至可用资金大于零，否则甲方有权对乙方资产账户的持仓进行部分或全部强行平仓处理，乙方承担由此造成的后果；当乙方资产账户交易所风险率大于100%时，甲方有权在不通知乙方的情况下随时对乙方资产账户的持仓进行部分或全部强行平仓处理，乙方承担由此造成的后果。"

原告2014年5月20日账户交易结算单显示：客户权益人民币（以下币种同）404967.57元，保证金占用645926.40元，可用资金 -240958.83元，风险度159.50%。被告在该份结算单中发出追加保证金通知书，要求原告在下一交易日开市前追加保证金或自行减仓。同日19：40，被告某期货公司向原告杨某交易端发送系统通知，要求杨某追加保证金。2014年5月21日，被告对原告账户的期货合约m1409进行强行平仓，平仓价格为3747元/吨，成交42手，当日交易结算单显示风险度为125.82%。原告账户2014年7月22日的交易结算单载明：客户权益317244.16元，保证金占用526167元，可用资金 -208922.84元，风险度165.86%。被告在该份结算单中发出追加保证金通知书，要求原告在下一交易日开市前追加保证金或自行减仓。同日19：13，被告向原告交易端发送系统通知，要求原告追加保证金。2014年7月23日，被告对原告账户的期货合约m1505进行强行平仓，平仓价格为3047元/吨，成交50手，当日交易结算单显示风险度为123.91%。

杨某认为依据《最高人民法院关于审理期货纠纷案件若干问题的规定（一）》第三十一条的规定，应当以期货交易所的保证金比例标准来计算和衡量客户的交易保证金是否充足，双方签订的期货经纪合同关于期货交易保证金比例计算标准的约定因违反法律法规的禁止性规定，应认定为无效。杨某诉至法院，请求判令被告赔偿其经济损失228839元、手续费239元、车旅费2000元，共计231078元。

本案经过法院一审、二审及再审认为：《最高人民法院关于审理期货纠纷案件若干问题的规定（一）》第三十一条的规定是期货交易中透支交易的认定标准。而本案中原告所主张的是其因强行平仓所遭受的损失。本案中，原告与被告在期货经纪合同中约定的保证金数额及强行平仓条件高于期货交易所规定的保证金比例不存在违反效力性强制规范无效的情形。被告在原告账户风险率超过100%时，已按约履行向原告追加保证金的通知义务。由于原告未及时追加保证金，亦未自行采取平仓的措施，被告于2014年5月21日、7月23日两次对原告账户的持仓采取强行平仓，符合合同约定，原告应自行承担强行平仓的法律后果。

二、案例评析

《期货交易管理条例》第二十八条第一款规定："期货交易应当严格执行保证金制度。期货交易所向会员、期货公司向客户收取的保证金，不得低于国务院期货监督管理机构、期货交易所规定的标准，并应当与自有资金分开，专户存放。"因此，我国法律法规对期货公司与客户关于保证金约定的最高限额没有作禁止性规定。

《最高人民法院关于审理期货纠纷案件若干问题的规定（一）》第三十一条规定："期货交易所在期货公司没有保证金或者保证金不足的情况下，允许期货公司开仓交易或者继续持仓，应当认定为透支交易。期货公司在客户没有保证金或者保证金不足的情况下，允许客户开仓交易或者继续持仓，应当认定为透支交易。审查期货公司或者客户是否透支交易，应当以期货交易所规定的保证金比例为标准。"该司法解释是透支交易责任的认定依据，并不能由此推导出期货公司与客户之间关于保证金数额及强行平仓条件的约定不能高于期货交易所规定的保证金比例。一般而言，期货交易中出现透支交易，会引发强行平仓，但实施强行平仓并不意味着一定出现透支交易，故两者的认定标准并不一致。

本案中，原告因对期货交易规则不熟悉而造成了自身的亏损。在此提醒广大中小交易者，期货交易具有较高的专业性，中国期货业协会、期货交易所及期货经营机构目前均开设了交易者教育园地，交易者可以通过线上、线下等多种方式学习了解期货交易规则和专业知识，从而提升自身投资素养。

维权方式篇

第十六章　和　解

交易者与期货公司发生纠纷后，最直接的解决途径就是协商和解，双方在平等自愿的基础上，本着互谅互让的态度，心平气和地进行谈判，力求达到相互满意的结果。这种方式可以节省时间、精力、金钱，也避免了双方大动干戈，有利于以后继续合作。

一、和解的含义和适用范围

和解是当事人双方自行协商，就实体权利的处分达成协议，从而解决争议的活动，是解决交易者与期货公司之间纠纷的重要方式，《中华人民共和国民事诉讼法》（以下简称《民事诉讼法》）第五十三条规定“双方当事人可以自行和解”。

和解可以分为诉讼外的和解与诉讼中的和解。诉讼外的和解是民事主体在诉讼外进行的民事行为，不具有任何诉讼上的意义和效力。诉讼中的和解是当事人双方在诉讼进行中自行协商，达成协议。本章所说的和解，是交易者与期货公司之间诉讼外的和解。

一般来说，对于基本事实清楚、争议不大的简易纠纷；双方曾有较好的合作基础，只是因为暂时争议导致的纠纷；双方仍然存在合同关系，相互之间仍然会继续合作的纠纷等，交易者和期货公司都可以通过和解的方式予以解决。

二、和解的过程

和解程序灵活，没有特别要求。一般来说，和解包含提出诉求、沟通协商、达成和解三个部分。

（一）提出诉求

当争议发生后，交易者选择与期货公司和解的，应向期货公司提出诉求或权利主张。当前，期货公司根据法律法规和监管规定公布了接受交易者投诉的渠道，包括电话、邮箱、传真、营业场所现场等。当发生争议时，交易者可以通过这些渠道，与期货公司进行沟通。

（二）沟通协商

交易者向期货公司提出诉求后，双方可以进行友好协商，期货公司对交易者诉求进行处理和回复，如果交易者能够接受期货公司的处理方案，则双方可以达成和解协议，如果不能接受，交易者可以通过调解、仲裁、诉讼等其他方式解决争议。

（三）达成和解

达成和解必须以双方平等自愿为前提，并且应当签署和解协议。在和解协议中，双方可以行使自己的权利，只要不违反法律的强制性规定，均属有效。和解协议具有合同的效力，对双方有约束力，但没有强制执行效力，需要由当事人自愿履行，如果一方当事人违反，则应当承担违约的民事责任，另一方可以根据约定申请仲裁或者提起诉讼。

第十七章 调 解

一、调解的含义和特点

调解是在和解之外，又一种相对经济高效的纠纷解决方式。调解是指第三方（调解人员）通过说服、疏导等方法，促使交易者和期货公司在平等协商基础上自愿达成调解协议，解决纠纷的活动。调解应当在当事人自愿、平等的基础上进行，尊重当事人的权利，不得违背法律法规和国家政策，不得因调解阻止当事人依法通过仲裁、行政、司法等途径维护自己的权利。

调解与和解的区别主要在于，调解是在调解人员主持下，通过深入细致的工作，使双方当事人达成调解协议；和解是当事人自己协商解决纠纷。

二、调解的种类及选择

根据调解组织类型的不同，调解可以分为：法院调解、仲裁调解、人民调解、行政调解、行业调解和其他机构或个人调解。

对于期货纠纷，争议双方可以选择法院调解、仲裁调解、行政调解、行业调解，期货纠纷双方一般不倾向于选择人民调解。其中，法院调解、仲裁调解与诉讼、仲裁密切相关，属于非独立性调解；行政调解、行业调解属于独立性调解，在解决期货纠纷中具有优势。因为期货纠纷具有较强的专业性，对调解机构和调解人员专业水平的要求比较高，中国证监会及其派出机构、中国期货业协会、期货交易所等机构作为期货市场的管理部门，更加了解期货交易和期货市场。交易者申请由这些机构调解其与期货公司的纠纷，更加有助于纠纷解决。下面以中国期货业协会的行业调解为例进行介绍。

三、调解员

（一）聘请调解员的原因

期货行业纠纷调解，是调解员主持并帮助交易者与期货公司双方以谈判、协商的方法，处理与解决争议，以达到化解纷争的目的。调解员能否胜任、如何发挥作用，是决定调解成败的重要因素。交易者与期货公司聘请调解员解决纠纷，就是因为双方之间无法进行有效协商，仅靠各说各的“理”不能使问题得到解决。为此，希望凭借调解员的社会影响、个人声望、专业技能与实践经验，促进双方化解纷争，达成合意。

（二）调解员的地位和作用

通常情况下，在调解过程中，调解员不会像律师那样为争议双方提供法律意见，也不像法官或仲裁员，为双方争议作出裁判。他的身份是一个中立的第三人，运用自身的知识、技能和经验化解纠纷。在调解过程中，调解员应当始终保持中立、不偏袒一方，坚持独立性与公正性。调解员的角色和作用可以概括为：为争议的双方搭起一座沟通的桥梁，促进双方当事人的协商、谈判，寻找双方都可以接受的解决方法，并促成调解协议的签署和履行。

（三）调解员的选择

交易者和期货公司有权选择调解员。鉴于调解员在争议解决中的重要作用，交易者和期货公司在进行选择时，应当对调解员的素质和能力进行全面了解。一般来说，一个好的调解员应当心智机敏，具有个人魅力；具备极大的耐心，充满责任感和敬业精神；拥有丰富的知识结构、专业技能与谈判技巧；还要面对困境、压力，冷静思考、从容应对。此外，最好要了解期货交易的专业知识，掌握相关的法律法规，能够学会分析和揣摩当事人的心理，体察当事人的诉求，尊重当事人的决定等。

四、调解程序

以《中国期货业协会调解规则》为例，调解程序按照先后顺序大致可以分为申请和受理、选定和指定调解员、调解进行、调解终止四个部分。

（一）申请和受理

在发生争议前，交易者与期货公司之间已经约定调解条款的，中国期货业协会可以根据调解条款及当事人申请进行审查，决定是否受理；未约定调解条款的，中国期货业协会在收到一方当事人调解申请后，符合受理条件的，经征得他方当事人同意，可以进行调解。调解条款是指当事人之间达成的以调解方式解决争议的约定。

期货市场主体间因期货相关业务产生的下列纠纷，属于协会纠纷受理范围：（1）协会会员之间的期货业务纠纷；（2）协会会员与客户之间的期货业务纠纷；（3）其他期货行业市场主体之间发生的期货业务纠纷。

存在下列情形之一的，协会不予受理：（1）纠纷不属于本规则第六条规定的适用范围；（2）一方当事人提出调解申请，其他当事人不同意调解的；（3）同一纠纷已进入司法或仲裁程序，或正在由其他争议解决机构或组织处理，但受理的人民法院、仲裁机构等依据纠纷多元化解机制转交协会调解的除外；（4）同一纠纷已经协会调解结案，或已有生效判决、仲裁裁决或其他处理结果；（5）调解申请未写明具体争议事项；（6）协会认为不适宜调解的其他情形。

（二）选定和指定调解员

中国期货业协会决定受理后，需要由双方当事人确定调解员人选。普通纠纷由 1 名调解员进行调解，争议金额较大、案情复杂的重大疑难纠纷由3名调解员组成调解小组进行合议调解。

（三）调解进行

在调解过程中，调解员可以选择灵活的方式进行调解，如现场调解、书面调解、电话调解、面对面调解、背对背调解等。一般来说，调解不公开进行。调解员应自接受选定或指定后30个自然日内完成调解。经当事人同意可延期，延期后总期限原则上不超过60个自然日。调解过程中因调解员回避、更换等需要重新确定调解员的，调解期限重新计算。

（四）调解终止

当出现当事人不同意继续调解、当事人和解、双方达成调解协议、调解无成功可能等情形时，调解程序即终止。经过调解，当事人就全部或部分纠纷事项达成调解协议的，应当制作调解协议书。对于没有达成调解协议的部分纠纷事项，应当在调解协议书中作出明确表述。

五、调解协议及其效力

调解协议是指经调解组织调解达成的、有民事权利义务内容，并由双方当事人签字或者盖章的书面文件，具有民事合同性质。当事人应当按照约定履行自己的义务，不得擅自变更或者解除调解协议。

调解协议一般包含当事人的基本情况，纠纷的主要事实、争议事项以及各方当事人的责任，当事人达成调解协议的内容，履行的方式、期限等。调解协议经双方当事人签字或盖章后，并由调解员签名、调解组织盖章后生效，通常由当事人各执一份，调解组织留存一份。

由于调解协议不能被强制执行，为了强化调解协议的效力，可以通过向有管辖权的法院申请司法确认，赋予调解协议强制执行的效力。此外，也可以由调解转裁决，即由仲裁机构根据双方当事人之间的调解协议作出仲裁裁决，使其具有终局性效力和强制执行力。

第十八章　仲　裁

除了和解、调解，仲裁也是解决交易者与期货公司之间纠纷的有效方式。

一、仲裁的含义

仲裁是纠纷双方当事人在争议发生前或发生后达成协议，自愿将双方的纠纷交由中立的第三方进行审理并作出对争议双方均产生拘束力裁决的活动。仲裁遵循自愿原则，充分尊重当事人的意愿，实行一裁终局，仲裁裁决具有法律上的强制力。

二、仲裁协议及常见问题

（一）仲裁协议的形式和内容

按照《中华人民共和国仲裁法》的规定，仲裁协议包括合同中订立的仲裁条款和以其他书面方式在纠纷发生前或者纠纷发生后达成的请求仲裁的协议，在内容上应当具有：请求仲裁的意思表示、仲裁事项、选定的仲裁机构（仲裁委员会）。

（二）仲裁协议确定的仲裁机构

选择仲裁机构是仲裁协议的基本内容。我国当前仲裁机构数量众多，为了纠纷能够得到公正、及时和低成本的解决，交易者和期货公司在仲裁协议中应当择优选定仲裁机构。双方在选择仲裁机构时应当考虑以下几个因素：一是选择管理规范、信誉良好的仲裁机构；二是优先考虑一些经济较为发达的大城市仲裁机构，这主要是因为大城市交通便利，仲裁机构条件优越，经验丰富，仲裁员队伍整体素质较高；三是选择就近的仲裁机构，以便减少奔波，节省精力，降低成本。

（三）仲裁协议中常见问题的说明

实践中，期货公司与交易者约定的仲裁协议有时因为存在瑕疵，导致双方在争议发生后申请仲裁时产生分歧，阻碍了纠纷及时有效地解决。下面结合《最高人民法院关于适用〈中华人民共和国仲裁法〉若干问题的解释》的相关规定，对交易者和期货公司可能遇到的分歧进行解释说明。

1. 仲裁协议约定的仲裁机构名称不准确，但能够确定具体仲裁机构的，应当认定选定了仲裁机构。

2. 仲裁协议约定两个以上仲裁机构的，当事人可以协议选择其中的一个仲裁机构申请仲裁，当事人不能就仲裁机构选择达成一致的，仲裁协议无效。

3. 仲裁协议约定由某地的仲裁机构仲裁且该地仅有一个仲裁机构的，该仲裁机构视为约定的仲裁机构，该地有两个以上仲裁机构的，当事人可以协议选择其中的一个仲裁机构申请仲裁，当事人不能就仲裁机构选择达成一致的，仲裁协议无效。

4. 当事人约定争议可以向仲裁机构申请仲裁也可以向法院起诉的，仲裁协议无效，但一方向仲裁机构申请仲裁，另一方未在仲裁庭首次开庭前提出异议的除外。

三、仲裁程序

（一）申请和受理

争议发生后，交易者或期货公司申请仲裁的，应当向仲裁委员会递交前述仲裁协议、仲裁申请书及副本。在仲裁申请书中应当载明下列事项：

(1) 双方当事人基本情况；(2) 仲裁请求和所根据的事实、理由；(3) 证据和证据来源、证人姓名和住所。仲裁委员会收到仲裁申请书后进行审查，认为符合受理条件的，予以受理，并通知当事人，认为不符合受理条件的，书面通知当事人不予受理并说明理由。

仲裁委员会受理仲裁申请后，在仲裁规则规定的期限内将仲裁规则和仲裁员名册送达申请人，并将仲裁申请书副本和仲裁规则、仲裁员名册送达被申请人。被申请人收到仲裁申请书副本后，在仲裁规则规定的期限内向仲裁委员会提交答辩书。仲裁委员会收到答辩书后，在规定的期限内将答辩书副本送达申请人。被申请人未提交答辩书的，不影响仲裁程序的进行。在此期间，申请人可以放弃或者变更仲裁请求。被申请人可以承认或者反驳仲裁请求，有权提出反请求。

交易者、期货公司都可以委托律师或其他代理人进行仲裁活动。委托律师或其他代理人进行仲裁活动的，应当向仲裁委员会提交授权委托书。

（二）仲裁庭的组成

申请受理后，交易者和期货公司应当选定仲裁员组成仲裁庭。仲裁庭可以由 1 至 3 名仲裁员组成。仲裁庭由 3 名仲裁员组成的，交易者和期货公司应当各自选定或者各自委托仲裁委员会主任指定 1 名仲裁员，第 3 名仲裁员由交易者和期货公司共同选定或者共同委托仲裁委员会主任指定，第 3 名仲裁员是首席仲裁员。交易者和期货公司约定由 1 名仲裁员成立仲裁庭的，应当共同选定或者共同委托仲裁委员会主任指定仲裁员。双方没有在仲裁规则规定的期限内约定仲裁庭的组成方式或者选定仲裁员的，由仲裁委员会主任指定。仲裁庭组成后，仲裁委员会将仲裁庭的组成情况书面通知交易者和期货公司。

选择仲裁员是仲裁程序中非常重要的一个环节，既是法律赋予双方当事人的权利，也直接关系着仲裁案件能否公正、及时地予以解决，交易者和期货公司对此不可掉以轻心。双方在选择仲裁员时，应当把握三条原则：一是选择熟悉期货专业知识和法律知识的仲裁员，二是避免选择具有法定回避情形的仲裁员，三是按照仲裁规则在规定的时间内选择仲裁员。

（三）开庭和裁决

1. 开庭

仲裁应当开庭进行。交易者和期货公司协议不开庭的，仲裁庭可以不开庭。在进行审理过程中，仲裁不公开进行，双方协议公开的，也可以公开进行。交易者或期货公司有正当理由的，可以请求延期开庭，由仲裁庭决定是否延期。申请人经书面通知，无正当理由不到庭或者未经仲裁庭许可中途退庭的，可以视为撤回仲裁申请。被申请人经书面通知，无正当理由不到庭或者未经仲裁庭许可中途退庭的，可以缺席裁决。

在仲裁过程中，交易者或期货公司应当对自己的主张提供证据。仲裁中的证据应当在开庭时出示，双方可以质证。在证据可能灭失或者以后难以取得的情况下，可以申请证据保全。交易者、期货公司在仲裁过程中有权进行辩论。辩论终结时，首席仲裁员或者独任仲裁员应当征询交易者、期货公司的最后意见。仲裁庭应当将开庭情况记入笔录。笔录由仲裁员、记录人员、交易者、期货公司和其他仲裁参与人签名或者盖章。

2. 裁决

仲裁裁决按照多数仲裁员的意见作出，少数仲裁员的不同意见可以记入笔录，仲裁庭不能形成多数仲裁员统一意见时，裁决按照首席仲裁员的意见作出。裁决书应当写明仲裁请求、争议事实、裁决理由、裁决结果、仲裁费用的负担和裁决日期。交易者、期货公司协议不愿写明争议事实和裁决理由的，可以不写。裁决书由仲裁员签名，加盖仲裁委员会印章。对裁决持不同意见的仲裁员，可以签名，也可以不签名。仲裁庭处理仲裁纠纷时，可以就部分已经清楚的事实先行裁决。裁决书自作出之日起产生法律效力。

四、仲裁中的和解与调解

交易者和期货公司申请仲裁后，可以自行和解。达成和解协议的，可以请求仲裁庭根据和解协议作出裁决书，也可以撤回仲裁申请，撤回仲裁申请后反悔的，可以根据仲裁协议申请仲裁。

仲裁庭在作出裁决前，可以先行调解，交易者和期货公司自愿调解的，仲裁庭应当调解。调解不成的，应当及时作出裁决，调解达成协议的，仲裁庭应当制作调解书或者根据协议的结果制作裁决书，调解书与裁决书具有同等法律效力。调解书写明仲裁请求和双方协议的结果，由仲裁员签名，加盖仲裁委员会印章，送达交易者和期货公司双方，签收后即产生法律效力。在调解书签收前一方或双方反悔的，仲裁庭应当及时作出裁决。

五、仲裁裁决的撤销

交易者或期货公司一方申请法院执行仲裁裁决，另一方提出证据证明裁决有《民事诉讼法》第二百四十四条第二款规定的情形之一的，经法院组成合议庭审查核实，裁定不予执行。这些情形包括：

（1）当事人在合同中没有签订仲裁条款或者事后没有达成书面仲裁协议；

（2）裁决的事项不属于仲裁协议的范围或者仲裁机构无权仲裁；

（3）仲裁庭的组成或者仲裁的程序违反法定程序；

（4）裁决所根据的证据是伪造的；

（5）对方当事人向仲裁机构隐瞒了足以影响公正裁决的证据；

（6）仲裁员在仲裁该案时有贪污受贿，徇私舞弊，枉法裁决行为。

法院在审查核实中认定执行该裁决违背社会公共利益，也会裁定不予执行。

仲裁裁决被法院裁定不予执行的，交易者和期货公司可以根据双方达成的书面仲裁协议重新申请仲裁，也可以向法院起诉。

交易者或期货公司申请撤销裁决的，应当自收到裁决书之日起六个月内提出，法院应当在受理撤销裁决申请之日起两个月内作出撤销裁决或者驳回申请的裁定。

六、仲裁裁决的执行

仲裁裁决在法律上具有强制力。交易者、期货公司都应当履行裁决，一方当事人不履行的，另一方当事人可以向法院申请执行。被申请人提出证据证明裁决有前述应当被裁定不予执行的情形之一的，由法院组成合议庭审查核实，裁定不予执行。一方当事人申请执行裁决，另一方当事人申请撤销裁决的，法院裁定中止执行。法院裁定撤销裁决的，裁定终结执行。撤销裁决的申请被裁定驳回的，法院应当裁定恢复执行。

另外，需要提示说明的是，交易者或期货公司申请执行仲裁裁决案件，应当向被执行人住所地或者被执行的财产所在地的中级人民法院提出申请。

第十九章 诉 讼

一、诉讼的管辖和证据

（一）管辖

1. 级别管辖

按照《最高人民法院关于审理期货纠纷案件若干问题的规定》，期货纠纷案件由中级人民法院管辖，高级人民法院根据需要可以确定部分基层人民法院受理期货纠纷案件。

2. 地域管辖

在地域管辖方面，期货公司和交易者往往通过管辖协议确定管辖法院。按照《民事诉讼法》的规定，交易者可以与期货公司在书面合同中协议选择被告住所地、合同履行地、合同签订地、原告住所地、标的物所在地法院管辖，这种选择只要不违反有关级别管辖和专属管辖的规定即可，双方如果没有约定，其合同纠纷将由被告住所地或者合同履行地法院管辖。

有关管辖法院的约定直接关系到当事人参加诉讼便利程度和成本高低。当前，在期货公司提供的合同中，期货公司住所地法院往往被选择为管辖法院。交易者在订立合同时，最好争取选择有利于自己的管辖法院，如自己住所地法院。需要说明的是，在期货公司的分公司、营业部等分支机构进行期货交易的，该分支机构住所地为合同履行地。因实物交割发生纠纷的，期货交易所住所地为合同履行地。

（二）证据

1. 证据的种类

证据是证明待证实事项是否客观存在的材料，有着极其重要的意义，既是法院认定案件事实的根据，也是法院作出裁判的基础。按照《民事诉讼法》的规定，证据有当事人的陈述、书证、物证、视听资料、电子数据、证人证言、鉴定意见、勘验笔录等种类。

在期货案件中，书证、电子数据、视听资料等形式的证据具有重要地位。

2. 举证责任

按照《民事诉讼法》及相关司法解释的指出，当事人对自己提出的主张，有责任提供证据，没有证据或者证据不足以证明当事人的事实主张的，由负有举证责任的当事人承担不利后果。

《最高人民法院关于审理期货纠纷案件若干问题的规定》指出，期货公司应当对客户的交易指令是否入市交易承担举证责任。确认期货公司是否将客户下达的交易指令入市交易，应当根据期货交易所的交易记录、期货公司通知的交易结算结果与客户交易指令记录中的品种、买卖方向是否一致来判断，价格、交易时间是否相符为标准，指令交易数量可以作为参考。但客户有相反证据证明其交易指令未入市交易的除外。期货公司向客户发出追加保证金的通知，客户否认收到该通知的，由期货公司承担举证责任。

二、审判程序

（一）一审普通程序

按照《民事诉讼法》的规定，一审普通程序包括起诉和受理、审理前的准备、开庭审理、诉讼中止和终结、判决和裁定。下面介绍前三项内容。

1. 起诉和受理

交易者或期货公司（原告）提起诉讼的，应当递交起诉状。法院对符合起诉条件的案件，予以立案并通知当事人，对不符合起诉条件的案件，裁定不予受理，原告对裁定不服的，可以提起上诉。

2. 审理前的准备

立案后，被告应当在规定时间内提交答辩状。被告不提交答辩状的，不影响法院审理。当事人对管辖权有异议的，应当在提交答辩状期间提出。法院对当事人异议内容进行审查，异议成立的，裁定将案件移送有管辖权的法院，异议不成立的，裁定驳回。当事人未提出管辖异议，并应诉答辩的，视为受诉人民法院有管辖权。

法院一般公开审理交易者与期货公司之间的案件。原告经传票传唤，无正当理由拒不到庭的，或者未经法庭许可中途退庭的，可以按撤诉处理；被告反诉的，以及经传票传唤，无正当理由拒不到庭的，或者未经法庭许可中途退庭的，可按缺席判决。

3. 案件审理

案件审理包括法庭调查、法庭辩论、案件评议和宣告判决等。

（1）法庭调查。法庭调查是法院依照法定程序、在法庭上对案件事实进行调查、对各种证据予以核实的诉讼活动。法庭调查是开庭审理的核心，目的在于对证据质证、辩论、审查核实证据。证据陈述、出示、宣读完毕，法庭调查终结，进入法庭辩论阶段。

（2）法庭辩论。法庭辩论是在法庭调查的基础上，双方当事人运用法庭调查已查实的证据，结合有关法律的规定，对认定案件事实，确定诉讼请求等方面仍有争议的问题进行辩论，反驳对方的意见，阐明自己主张的正确性。进行法庭辩论的目的，一是经过辩论认定事实；二是辨明是非，以便法院作出正确的裁判。法庭辩论终结，由审判长征询各方最后意见后依法作出判决。

（3）案件评议和宣告判决。案件评议是合议庭根据法庭调查和法庭辩论的情况，确定案件的性质，认定案件的事实，分清是非责任，正确地适用法律，对案件作出最后的处理。案件评议后应当制作判决书。法院审理案件一律公开宣告判决。

（二）二审程序

交易者或期货公司不服一审判决或裁定的，有权向上一级法院提起上诉。

二审法院对上诉请求的有关事实和适用法律进行审查，并按照不同情形，分别处理：

（1）原判决、裁定认定事实清楚，适用法律正确的，以判决、裁定方式驳回上诉，维持原判决、裁定；

（2）原判决、裁定认定事实错误或者适用法律错误的，以判决、裁定方式依法改判、撤销或者变更；

（3）原判决认定基本事实不清的，裁定撤销原判决，发回原审人民法院重审，或者查清事实后改判；

（4）原判决遗漏当事人或者存在违法缺席判决等严重违反法定程序的，裁定撤销原判决，发回原审人民法院重审。二审法院的判决、裁定，是终审的判决、裁定。

当事人对已经产生法律效力的判决、裁定，认为有错误的，可以向上一级法院申请再审。

三、诉讼中的调解

当事人起诉到法院的民事纠纷，适宜调解的，先行根据当事人自愿的原则，在事实清楚的基础上，分清是非，进行调解。在法庭辩论终结后，判决前能够调解的，还可以进行调解，调解不成的，应当及时判决。经调解，达成调解协议的，法院应当制作调解书。

二审法院审理上诉案件，可以进行调解。调解达成协议，应当制作调解书。调解书送达后，原审法院的判决即视为撤销。

四、诉讼时效、除斥期间及其在期货纠纷中的作用

在处理交易者与期货公司纠纷的过程中，诉讼时效和除斥期间是非常

重要的两个概念，直接关系着交易者权利的保护与救济。下面，结合《民法典》及相关司法解释的规定，对诉讼时效、除斥期间进行介绍。

（一）诉讼时效

1. 诉讼时效的基本内容

除法律另有规定外，向法院请求保护民事权利的诉讼时效期间为3年，诉讼时效期间从知道或者应当知道权利被侵害时起计算。因违反合同请求保护的诉讼时效，有履行期限的，从履行期限届满之日起计算；没有履行期限的，从权利人主张权利而义务人拒绝履行义务之日起计算。因侵权行为是持续发生的，诉讼时效从侵权行为实施终了之日起计算。超过诉讼时效期间，债权人（权利人）的胜诉权消灭，即债权人向法院起诉债务人，一旦债务人主张诉讼时效已过，则法院将驳回债权人诉讼请求。但是如果债务人自愿履行债务，不受诉讼时效限制，债权人可以接受，履行后债务人不能以诉讼时效已过要求债权人返还。

2. 诉讼时效的中止和中断

按照法律规定，诉讼时效存在中止、中断的情形。就中止而言，在诉讼时效期间的最后6个月内，因不可抗力或者其他原因不能行使请求权的，诉讼时效中止，从中止时效的原因消除之日起，诉讼时效期间继续计算。就中断而言，诉讼时效因提起诉讼、当事人一方提出要求或者同意履行义务而中断，从中断时起，诉讼时效期间重新计算。诉讼时效因权利人主张权利或者义务人同意履行义务而中断后，权利人在新的诉讼时效期间内，再次主张权利或者义务人再次同意履行义务的，可以认定为诉讼时效再次中断。权利人向人民调解委员会以及其他依法有权解决民事纠纷的国家机关、事业单位、社会团体等社会组织提出保护民事权利的请求，从提出请求时起，诉讼时效中断。经调处达不成协议的，诉讼时效期间即重新起算；如调处达成协议，义务人未按协议所定期限履行义务的，诉讼时效期间应从期限届满时重新起算。

（二）除斥期间

除斥期间是指法律规定或当事人依法确定的某种民事实体权利存在的期间。权利人在此期间内不行使相应的民事权利，则导致该法定期间届满时该民事权利的失效。

除斥期间与诉讼时效有三点不同。

1. 期间性质不同。除斥期间规定权利存续的固定时间，属于不变期间，除法律有特殊规定外，不能中止、中断或延长，且期间较短。

2. 期间计算不同。除斥期间是对不同的形成权设置的时间限制，法律上一般只针对具体情况分别规定除斥期间的起算点，不做统一的总括性规定。而诉讼时效适用于请求权，由于请求权的范围十分广泛且具有共同特征，法律上往往作出了总括性的规定。

3. 法律效力不同。除斥期间届满，实体权利本身失效。而过了诉讼时效，实体权利本身并不因此而失效。

（三）诉讼时效、除斥期间在期货纠纷中的作用

1. 诉讼时效

在合同履行过程中，交易者如果认为期货公司存在违约行为或者侵权行为，比如错误强行平仓、擅自交易等，应当及时向期货公司、法院、仲裁机构等主张权利、提起诉讼或申请仲裁。否则，如果怠于行使自身权利，一旦超过诉讼时效，相关权利则不能得到法律保护。

2. 除斥期间

由于期货交易采用当日无负债结算制度，为了保障交易顺利进行，期货经纪合同约定，交易者有义务随时关注自己的交易结果并妥善处理持仓，如果因某种原因无法收到或者没有收到当日交易结算报告，应于下一个交易日开市前向期货公司提出，否则，视同收到当日交易结算报告。交易者在交易日开市前未对前日交易结算报告提出异议的，视为对交易结算报告记载事项的确认，这些事项包括交易、持仓、出入金、手续费支出等。该项约定即属于有关除斥期间的约定。

第二十章　争议解决中的注意事项

在处理纠纷时，个人交易者相对于期货公司处于较为弱势的地位，不仅无法像期货公司一样投入大量的人力、物力以解决纠纷，而且对于争议的事实也难以接触和掌握到更多有利的证据和信息。因此，如何采取恰当的手段，充分调动有限的资源，在纠纷解决过程中最大限度地争取和保护自身的合法权益，是个人交易者应当高度重视的问题。交易者在解决与期货公司的争议时应当注意以下内容。

一、从容应对纠纷的五点建议

现代社会中，法律深刻影响着人们生活的各个方面，在纠纷解决中更是如此。如果交易者能够事先了解相关法律，清楚自身的权利和义务所在，知晓期货公司究竟从事何种性质的违法违规行为，侵犯了自身的何种权益，那么在和解、调解、仲裁、诉讼的过程中，就能够做到依法主张、据理力争，充分保障自身的权益。交易者不妨从以下几点着手，从容应对纠纷：

（一）做好纠纷的事前防范

交易者与期货公司之间的纠纷，部分是源于交易者自身过于疏忽，法律意识淡薄导致的。因此，在进行入市准备、签订合同、开展交易等环节中，交易者应当尽量做到谨慎细心，避免为以后带来麻烦，比如，切勿参与不合法交易，获取不当利益；在订立合同时仔细阅读期货公司提供的格式合同，对约定不清楚或认为不公平的合同条款应当及时指出，必要时可以求助专业人士或相关部门，防止因匆忙签署而受到不利条款的约束；同时，在进行交易过程中，更要注意及时查看和妥善保管账户信息，降低产生纠纷的潜在可能。

（二）平时做好证据的收集与保存

证据是否真实充足决定着最终能否胜诉。当前，交易者在争议解决中经常面临着举证困难，导致自身权益难以得到有效维护。如果交易者能够在平时注意收集保存各种交易单据，如委托协议、交易结算报告等，特别是注重将期货公司及其工作人员一些“美丽”的口头承诺用书面协议的形式固定下来，签字盖章，即使将来发生纠纷，也会大大增加顺利解决的胜算。

在期货交易中，交易者在平时应当多注意收集和保存书证、物证、电子数据、视听资料等，例如双方签署的合同文件、交易结算报告、通话记录、期货公司及其工作人员的口头或书面承诺、交易数据等。

这里需要提示交易者的是，证据要求具有客观性、关联性和合法性。交易者收集和使用证据时要认真核实取舍，分析判断证据的证明力，确定能够证明自己主张的事实；同时要形成证据链，做到环环相扣，避免分散重复；另外，不要在收集和保存证据时作假，如伪造毁灭证据，或胁迫贿买证人作证。

（三）在纠纷发生后要先理清事实，分清责任

实践中，有的交易者在纠纷发生后，不先查找研究法律规定和合同约定，不理清纠纷的来龙去脉，确定双方是非对错，直接向期货公司主张索赔或向中国证监会、中国期货业协会等投诉，在沟通中才认识到是自己未完全弄清事实，未充分理解期货交易机制，责任在于自己，对方并无过错，从而给自己、对方、受理部门增添麻烦和不便。对于这些情况，其实完全可以避免。交易者在接受期货公司服务过程中，相关法律法规的规定和合同的约定是确定双方权利义务的依据，也是判断双方过错和责任的标准。交易者对此应当有清楚地了解，或者在纠纷发生后进行必要的查阅。至于相关事实，更是交易者需要了解的最基本内容，例如，交易者往往忽

视期货公司网站公告的内容，在发生争议后，经提示才去查找了解，对于这类事实，交易者应当在接受服务的过程中及时关注，从而避免发生不必要的纠纷。

（四）了解民事责任的确定方法

在纠纷发生后，交易者都非常关心能够获得赔偿的数额，有少数交易者漫天要价，提出的赔偿数额不切实际，最终得不到支持和满足。因此，了解期货交易中民事责任的确定方法，对于交易者来说就显得非常重要。对此，交易者可以查阅《最高人民法院关于审理期货纠纷案件若干问题的规定》、自身签署的期货经纪合同，进行了解。

（五）在必要的情况下选择合适的律师

解决期货纠纷往往需要同时了解期货和法律两个方面的专业知识。一般情况下，交易者难以满足这两方面的要求。相比较而言，从事期货业务的专业律师在解决期货纠纷的问题上更加具有优势。所以，交易者在必要时需要委托律师，更好地维护自身合法权益。

另外，在发生纠纷后，交易者还要保持冷静，用理智的心态看待争议，不宜太过偏激，情绪化的解决问题方式并非最优方案。

如果能够做到以上这些建议，交易者不仅可以尽量避免纠纷，而且即便在纠纷发生后，也很可能只需通过和解或调解方式便能解决问题，避免最终进入相对复杂的仲裁或诉讼程序。因为只要交易者坚持合法合理的主张，拥有充足确实的证据，期货公司也会明白即使通过仲裁或者诉讼，最终也无法推卸责任。

二、合理选择解决纠纷的方式

（一）和解、调解、仲裁、诉讼的比较与选择

和解、调解、仲裁、诉讼四种纠纷解决方式各有利弊，交易者可以视

自身需要进行选择。

一般来说，建议交易者首选和解。因为当纠纷发生后，双方当事人进行协商是最简便、最直接的争议解决方式，不需要第三方介入，实践中很多争议只是源于误解或涉及金额不大，双方经过充分沟通，消除误解，达成一致，争议随即解决。和解对双方当事人都是不错的选择。

当协商不成，无法和解的情况下，交易者可以考虑向中国证监会及其派出机构、中国期货业协会、期货交易所等提出申请，由这些机构居中调解，在调解中发挥其权威性高、专业性强的优势，促成双方解决纠纷。

若经过调解仍不能解决纠纷的，双方当事人可以将纠纷提交仲裁机构或法院裁判。法院审判程序最为严格，所需要花费的时间也更长。

上述排列的顺序是从经济快捷的角度，为交易者提供的建议。实际上，这四种纠纷解决方式没有时间先后顺序，交易者可以任意进行选择，不经过和解或者调解，直接提起仲裁或者诉讼也是可以的。

（二）其他促进纠纷解决的方式

解决纠纷的过程实质就是交易者与期货公司之间的博弈过程。面对纠纷，交易者还可以考虑通过其他正当渠道促进解决，维护自身的合法权益。比如，交易者对于期货公司的违法违规行为，可以向中国证监会及其派出机构、中国期货业协会、期货交易所等部门投诉；根据违法违规行为的性质，向公安机关或检察机关等部门举报；在事实清晰、证据完备的情况下，借助新闻媒体的力量，寻求社会舆论的支持。这些方式既能够协助相关部门更好地监管期货市场，也有利于尽快查清争议的事实，同时还能为尽快解决纠纷创造积极有利的条件，从而维护交易者的合法权益。

维权组织篇

第二十一章　期货市场交易者保护的组织体系

一、期货市场交易者保护体系简介

2013 年 12 月，国务院办公厅发布了《关于进一步加强资本市场中小投资者合法权益保护工作的意见》，其中第九条提出“构建综合保护体系。加快形成法律保护、监管保护、自律保护、市场保护、自我保护的综合保护体系，实现中小投资者保护工作常态化、规范化和制度化”。

该“五位一体”综合保护体系是一个有机整体，内部各保护维度之间相互作用，相互配合，各司其职，共同完成对交易者的保护。交易者有必要了解该体系的基本内容，从而更好地保护自身合法权益。

（一）法律保护

以中小投资者需求和权益保护为导向，我国已形成包含法律、行政法规、司法解释、部门规章等不同层面法律规则的交易者保护规则体系。2022 年 8 月 1 日《期货和衍生品法》正式施行，第四章对期货交易者的权利义务作出了相关规定。

（二）监管保护

中国证监会通过完善政策措施，实现中小投资者保护工作常态化、规范化和制度化。建立中小投资者权益保障检查制度与评估评价体系。财政、税收、期货监管部门完善交易的相关税费制度，优化投资环境。有关部门完善数据采集发布工作机制，加强沟通协调与信息共享，形成交易者权益保护的综合协调沟通机制。

（三）自律保护

通过中国期货业协会、各期货交易所等自律组织发挥贴近市场的作用，结合各自职责和优势，为交易者保护提供专业的资源支持和公益服务。

（四）市场保护

期货公司等市场经营服务主体是交易者保护市场的主体力量，支持市场经营主体履行法定义务，要充分发挥证券期货专业律师的作用。

（五）自我保护

交易者接受期货交易者教育，树立风险意识、理性意识和维权意识，提高自我保护能力，监督市场主体行为，主动发现和举报违规现象，也是重要的保障。

二、中国证监会

中国证监会依照法律、法规和国务院授权，统一监督管理全国证券期货市场，维护证券期货市场秩序，保障其合法运行，自成立以来一直重视交易者保护工作。交易者保护工作具体由中国证监会不同的内设部门分工协作，共同完成。目前，承担期货交易者保护工作的部门主要有期货监管部、投资者保护局、市场二部等。同时，中国证监会在省、自治区、直辖市和计划单列市设立36个证监局，作为其派出机构行使一线监管职责。这些证监局也承担着大量交易者保护工作。

为了加强与交易者联系，做好交易者保护工作，中国证监会设立了12386投资者服务热线，并在网站上开通了主席信箱、公布了信访电话、设立了举报专栏，接受交易者的咨询、投诉。同时，各证监局也在中国证监会网站上开辟专栏，公开办公地址和投诉电话等，方便交易者反映情况。

（一）承担期货交易者保护工作的三个部门

在这里，需要介绍中国证监会内部开展期货交易者保护工作的三个部门，分别是投资者保护局、期货监管部、市场二部。

1. 投资者保护局

为了加强投资者（含交易者）保护工作，2011年底，中国证监会专门成立投资者保护局。该局职责包括负责投资者保护工作的统筹规划、组织指导、监督检查、考核评估；推动建立健全投资者保护相关法规政策体系；统筹协调各方力量，推动完善投资者保护的体制机制建设；督导促进派出机构、交易所、协会以及市场各经营主体在风险揭示、教育服务、咨询建议、投诉举报等方面提高服务投资者的水平；推动投资者受侵害权益的依法救济；组织和参与监管机构间投资者保护的国内国际交流与合作。

2. 期货监管部

期货监管部也是中国证监会2014年内设机构和职能调整后新成立的部门。职责是：拟订监管期货市场的规则和实施细则；依法审核期货交易所、期货结算机构的设立，并审核其章程和业务规则；审核上市期货、期权产品及合约规则；监管市场相关参与者的交易、结算、交割等业务活动；监管期货市场的交易行为；负责商品及金融场外衍生品市场的规则制定、登记报告和监测监管；负责期货市场功能发挥评估及对外开放等工作；牵头负责期货市场出现重大问题及风险处置的相关工作等。

期货监管部在履行上述职责过程中，按照中国证监会的统一安排部署，开展期货交易者保护工作。

3. 市场二部

市场二部承担打击非法证券期货活动的有关工作，负责对非法证券期货经营咨询活动等的认定、查处；承担清理整顿各类交易场所的有关工作。

（二）12386热线

为了拓宽交易者诉求处理渠道，向广大交易者提供更为便捷有效的服务，2013 年 9 月，中国证监会在信访途径之外开通了“12386”中国证监会热线，受理证券期货市场交易者投诉、咨询、建议等，具体包括：

1. 交易者在购买产品、接受服务或投资活动中，与证券期货市场经营主体及其从业人员发生争议的，可以提起投诉；

2. 对证券期货监管工作或者政策提出建议和意见；

3. 咨询证券期货相关法律制度或者监管工作政策等。

交易者可以在每周一至周五（法定节假日除外）的 9：00—11：30，13：00—16：30 拨打热线电话。该热线电话现已成为交易者向证监会进行咨询、投诉，提出建议的重要渠道。

三、中国期货业协会

根据《社会团体登记管理条例》和《期货交易管理条例》，中国期货业协会是全国期货业自律性组织，是非营利性的社会团体法人，会员包括期货公司、从事期货业务或相关活动的机构、期货交易所等，按照《期货和衍生品法》，“对会员之间、会员与交易者之间发生的纠纷进行调解”。在具体工作中，中国期货业协会通过电话、网上平台、来访等多种形式接受交易者咨询，受理对会员、从业人员的投诉；同时建立行业纠纷调解机制，包括制定调解规则、成立调解委员会、聘请调解员，为交易者解决与期货业务有关的纠纷。

另外，作为交易者保护工作的延伸，中国期货业协会持续开展交易者教育工作，制作出版了各类出版物，建立投教基地，引导和推动行业提高交易者教育水平；同时，依据法律法规和自律规则，不断加强对会员和从业人员的自律管理，规范其经营和执业水平，预防和减少侵害交易者权益的行为。

四、期货交易所

期货交易所是为期货交易提供场所、设施、相关服务和交易规则的机构。在我国，期货交易所是不以营利为目的，履行法定职责，按照章程和交易规则实行自律管理的法人。

在现代市场经济条件下，期货交易所已成为具有高度系统性和严密性、高度组织化和规范化的交易服务组织，致力于创造安全、有序、高效的市场机制，营造公开、公平、公正和诚信透明的市场环境，维护交易者的合法权益。按照《期货和衍生品法》第八十五条规定："（一）提供交易的场所、设施和服务；（二）设计期货合约、标准化期权合约品种，安排期货合约、标准化期权合约品种上市；（三）对期货交易进行实时监控和风险监测；（四）依照章程和业务规则对会员、交易者、期货服务机构等进行自律管理；（五）开展交易者教育和市场培育工作；（六）国务院期货监督管理机构规定的其他职责。"

同时，我国期货交易所也在中国证监会的监督管理下，承担着大量的交易者教育和服务工作。

五、中国期货市场监控中心有限责任公司

中国期货市场监控中心有限责任公司通常被称为中国期货市场监控中心，是经国务院同意，中国证监会决定设立，于2006年3月成立的非营利性公司制法人，注册资本13.65亿元。其股东单位有上海期货交易所、中国金融期货交易所、郑州商品交易所以及大连商品交易所。中国期货市场监控中心的业务接受中国证监会的指导、监督和管理。现有主要职能是：

（1）期货市场统一开户；

（2）期货保证金安全监控；

（3）为交易者提供交易结算信息查询；

（4）期货市场运行监测监控和分析研究；

（5）为监管机构和期货交易所等提供信息服务；

（6）代管期货交易者保障基金；

（7）商品及其他指数的编制、发布；

（8）期货市场交易者调查。

对于交易者来说，中国期货市场监控中心较好地保障了资金和交易安全，一方面，交易者可以通过中国期货市场监控中心的网站（www. cfmmc. com 或 www. cfmmc. cn）查询期货公司公告的期货保证金账户，保障资金安全；另一方面，交易者还可以登录其网站，接收期货公司发出的交易结算报告、追加保证金通知等文件，确保交易顺利进行。另外，中国期货市场监控中心还承担着期货市场统一开户的职责，期货公司为客户申请、注销各期货交易所交易编码，以及修改与交易编码相关的客户资料，都需要通过中国期货市场监控中心办理。

六、交易者保障基金

保障基金是在期货公司严重违法违规或者风险控制不力等原因导致保证金出现缺口，可能严重危及社会稳定和期货市场安全时，补偿交易者保证金损失的专项基金。

按照中国证监会、财政部共同指定，保障基金由中国期货市场监控中心代管。保障基金遵循“取之于市场，用之于市场”的原则，从期货交易所风险准备金提取启动资金，在运行过程中，从期货交易所、期货公司的手续费收入中提取。保障基金只是一种救助基金，而非责任赔偿，遵守比例补偿交易者无辜损失的原则，在使用方面有着严格的规定。只有在期货公司因严重违法违规或风险控制不力等原因导致保证金出现缺口，可能严重危及社会稳定和期货市场安全时，中国证监会才能启动保障基金使用决策程序，经过严格的审议和评估后，决定是否使用保障基金。而且，对交易者参与非法期货交易和在正常期货投资活动中造成的损失，保障基金不予补偿。保障基金作为专项基金，主要用于在期货公司严重违法违规或者风险控制不力等导致保证金出现缺口，可能严重危及社会稳定和期货市场安全时，补偿交易者保证金损失。保障基金的设立宗旨是建立健全防范和处置期货公司风险的长效机制，有效保障交易者合法权益，促进我国期货市场改革和稳定发展。

七、中证中小投资者服务中心

中证中小投资者服务中心，是经中国证监会批准设立并直接管理的证券金融类公益机构，于2014年12月5日在上海注册成立。其主要职责是为中小投资者（含交易者）自主维权提供教育、法律、信息、技术等服务，并负责中国投资者网站的运营。就交易者保护而言，具体包括：面向中小投资者开展公益性宣传和教育；为中小投资者自主维权提供法律、信息、技术服务；公益性持有证券等品种。中证中小投资者服务中心的成立，是中国证监会完善监管政策、丰富交易者保护体系、切实加强中小投资者合法权益保护工作的重要举措，也是我国资本市场迈向法治化、成熟化进程的重要标志。

八、期货经营机构

目前，我国期货经营机构主要是期货公司。作为市场经营服务主体，期货公司是保护交易者的市场主体力量。这些主体的归位尽责，是保护交易者合法权益的重要基础。

与中国证监会、中国期货业协会等机构相比，期货公司在交易者保护中较为特殊。

一是为了执行监管要求和自律要求，履行合同义务，开发并维护客户以壮大自身实力，期货公司需要保护交易者合法权益；

二是期货公司及其工作人员的违法违规或不规范、不诚信的行为又是侵害交易者合法权益最常见的原因；

三是期货公司是期货市场中联系广大交易者、与交易者关系最为密切的主体。

因此，期货公司在开展交易者保护工作时，需要做好现有的交易者保护工作，同时减少自身违法违规或不诚信行为。具体来说，就是期货公司要在经营中要切实执行中国证监会、证监局的各项监管要求，认真遵守中国期货业协会、期货交易所的自律规则，不能敷衍，认真履行合同的各项约定，特别是有关交易者保护的相关内容，维护交易者的正当权益，将交易者保护融入各项工作中，同时，不断健全内部组织机构和工作机制，加强内部控制和管理，不断预防、减少侵害交易者合法权益的行为。

政策法律篇

第二十二章　期货市场交易者保护的政策法律

当前，期货市场在平稳较快发展的同时，市场法规体系也在逐步建立并不断完善，已经基本形成了以《期货和衍生品法》为核心，以《期货交易管理条例》、中国证监会部门规章、规范性文件为主体，以期货交易所、中国期货业协会的若干自律规则为补充，符合中国实际情况的期货市场法规制度体系。

需要指出的是，《期货和衍生品法》颁布之前，我国期货市场遵循的是以《期货交易管理条例》行政法规为核心，以《期货公司监督管理办法》《期货交易所管理办法》等部门规章及中国期货业协会和期货交易所自律规则为辅的一套规则体系。《期货和衍生品法》实施后，以《期货和衍生品法》为核心的期货市场法律体系将得以建立，目前仍沿用的条例、办法等规范规章将有可能依据《期货和衍生品法》的规定适时修改、废止。我国期货市场的法律层级将极大提高，这对推动我国期货市场国际化发展将产生重要影响。

一、法律及司法解释

（一）法律

《期货和衍生品法》于2022年8月1日起正式施行。作为我国期货和衍生品领域的首部法律，《期货和衍生品法》适应新格局要求，凝聚中国期货市场三十余年探索发展的经验共识，将体现中国特色与借鉴国际市场最佳实践有机结合，从国家战略高度支持期货市场发展。实践中，对期货市场进行调整和规范的法律主要有：一是民商事法律，包括《民法典》

《期货和衍生品法》等；二是行政法律，包括《行政许可法》《行政处罚法》《行政复议法》《行政诉讼法》等；三是刑事法律，主要是相关各《刑法》修正案等。其中，与交易者关系最为密切的《期货和衍生品法》第四章，从法律层面对交易者适当性管理、信息保护、纠纷调解、代表人诉讼、保障基金等方面进行了详尽要求，充分保护交易者合法权益，有效提振交易者参与期货市场交易的信心。

另外，2013 年修订后的《消费者权益保护法》将金融消费者列为保护的对象。其中，第二十八条规定："提供证券、保险、银行等金融服务的经营者，应当向消费者提供经营地址、联系方式、商品或者服务的数量和质量、价款或者费用、履行期限和方式、安全注意事项和风险警示、售后服务、民事责任等信息。"交易者合法权益受到侵害时，也可以依据该法维护自身权益。

（二）司法解释

由于期货交易的专业性和特殊性，期货民事纠纷处理难度相对较大。2003 年 6 月，最高人民法院发布了《关于审理期货纠纷案件若干问题的规定》，对期货案件管辖、承担责任的主体、无效合同责任、交易行为责任、透支交易责任、强行平仓责任、实物交割责任、保证合约履行责任、侵权行为责任、举证责任、执行和保全等内容进行了比较全面的规定。该司法解释成为处理交易者和期货公司纠纷的最重要依据之一。

2011 年 1 月，最高人民法院发布了《关于审理期货纠纷案件若干问题的规定（二）》，对此前一司法解释进行了补充和完善，对期货交易所履行职责案件的指定管辖、新的分级结算制度和有价证券冲抵保证金制度下保证金诉讼保全和执行、新型结算财产结算担保金的特殊司法保护制度进行了明确规定。

鉴于最高人民法院的司法解释，特别是《关于审理期货纠纷案件若干问题的规定》对交易者权利保护的重要作用，为了维护自身权益，交易者应当在参与期货交易前充分了解相关内容。

二、行政法规

当前，我国期货市场效力层级最高的法规是国务院制定的《期货交易管理条例》（以下简称《条例》）。《条例》经历了一个不断完善的过程。1999 年 6 月，国务院发布《期货交易管理暂行条例》。2007 年 12 月，国务院在对该暂行条例进行修改的基础上，出台《条例》。2012 年，国务院根据期货市场发展的新形势，对 2007 年的《条例》进行了修订。国务院分别于 2012 年、2013 年、2016 年以及 2017 年对《条例》进行了四次修订。

现行《条例》共八章八十六条，内容涵盖期货交易所、期货公司、期货交易基本规则、中国期货业协会、监督管理、法律责任等。《条例》全文主要贯彻了以下几项原则：保护交易者合法权益原则，公开、公平、公正原则，诚实守信原则，风险控制原则，合法性原则，加强监管原则，特别是前三项原则对于交易者权益保护具有更加重要的意义。

三、部门规章及规范性文件

期货规章是中国证监会为履行期货市场监督管理职责，根据法律、行政法规和国务院授权制定并以中国证监会令的形式公布的规定、办法、规则等。为了贯彻《条例》规定的原则和各种制度，使其更加具有可操作性，中国证监会先后制定了以下主要部门规章：《期货交易者保障基金管理办法》《期货交易所管理办法》《期货公司董事、监事和高级管理人员任职管理办法》《期货从业人员管理办法》《期货公司期货交易咨询业务办法》《期货公司监督管理办法》《证券期货投资者适当性管理办法》《证券期货经营机构私募资产管理业务管理办法》等。

为了对期货市场实施有效的监督管理，落实和执行《条例》及配套规章的具体规定，中国证监会还制定了大量的规范性文件，包括《证券公司为期货公司提供中间介绍业务试行办法》《期货市场客户开户管理规定》

《期货公司保证金封闭管理办法》《关于防范期货配资业务风险得通知》等。

四、期货市场运行管理规章制度和行业自律管理规章制度

（一）期货市场运行管理规章制度

法律、司法解释、行政法规、行政规章等是期货市场规则体系的主要组成部分。作为市场自律管理部门的期货交易所制定的规则也是期货市场运行不可或缺的重要规则。

期货交易所经中国证监会批准，依照《期货和衍生品法》《期货交易管理条例》《期货交易所管理办法》及其章程等自律规则实施自律管理。期货交易所制定的规则包括章程、交易规则，会员管理办法，交易、结算、交割细则，风险控制办法，违规处理办法，套期保值交易管理办法，标准仓单管理办法，交割仓库管理办法等实施细则。期货交易所制定的这些市场规则，期货公司及其他参与者都必须遵守。交易者委托期货公司参与期货交易的，也间接受到这些规则的规范。

（二）期货行业自律管理规章制度

期货行业自律管理规章制度是指中国期货业协会制定的自律性规则。近些年来，中国期货业协会根据期货法律法规，制定了许多行业行为准则和职业道德等自律性规则，主要包括《中国期货业协会会员管理办法》《中国期货业协会会员自律公约》《期货从业人员执业行为准则》《〈期货经纪合同〉指引》《期货公司居间人管理办法（试行）》等。

五、不同规则的效力层级

法律及司法解释、行政法规、部门规章及规范性文件、期货市场运行管理规章制度、期货行业自律管理规章制度的效力层级不同，交易者不能

等同视之。其中，法律、行政法规是法院在裁判期货案件中可以直接引用的依据；司法解释是最高人民法院指导下级法院司法审判的标准，也可以直接引用；部门规章和规范性文件在裁判期货案件中，根据审理案件的需要，经审查认定为合法有效的，可以作为裁判说理的依据；期货市场运行管理规章制度、期货行业自律管理规章制度不能作为裁判依据。

因此，交易者在与期货公司发生纠纷，寻找法律依据时，应当充分考量前述不同规则的效力层级。

附录　争议解决中常用的格式文书

交易者在解决其与期货公司纠纷的过程中，需要用到相应的文书，如和解协议、调解申请书、仲裁申请书、起诉书等。下面选取了部分文书，以方便交易者查找和使用。

一、和解协议

当事人：____（自然人应写明姓名、性别、年龄、民族、职业、单位或住址；法人及社会组织应写明名称、地址、法定代表人姓名和职务）

当事人：____（自然人应写明姓名、性别、年龄、民族、职业、单位或住址；法人及社会组织应写明名称、地址、法定代表人姓名和职务）

纠纷简要情况：

经双方友好协商，达成以下和解内容：

履行协议的方式、地点、期限：

本协议一式____份，当事人各持一份。

当事人：（签名或盖章）　　　　　当事人：（签名或盖章）

年　　月　　日　　　　　　　　　年　　月　　日

二、调解申请书

当事人：____

____（自然人应写明姓名、性别、年龄、民族、职业、单位或住址；法人及社会组织应写明名称、地址、法定代表人姓名和职务）

纠纷事实：

申请事项：

特申请（调解机构名称）予以调解。

申请人：（签名或盖章）

年　　月　　日

说明：

1. 调解申请书是当事人向调解机构提交的请求调解其纠纷的书面文件；

2. 当事人栏应当详细填写当事人的姓名、性别、年龄、民族、职业、单位或住址，当事人是法人或社会组织的，应当详细填写法人或社会组织的名称、地址、法定代表人姓名、职务；

3. 调解申请书既可以由申请人本人填写，也可由他人代写，由申请人签名后提交调解机构。

三、调解协议书

编号：

当事人：____

____（自然人应写明姓名、性别、年龄、民族、职业、单位或住址；法人及社会组织应写明

名称、地址、法定代表人姓名和职务）

当事人：____

____（自然人应写明姓名、性别、年龄、民族、职业、单位或住址；法人及社会组织应写明名称、地址、法定代表人姓名和职务）

纠纷简要情况：

经调解，自愿达成如下协议：

履行协议的方式、地点、期限：

本协议一式____份，当事人、（调解机构名称）各持一份。

当事人：（签名或盖章）　　　　　当事人：（签名或盖章）

（调解机构印）

调解员：（签名）

年　　月　　日

说明：

1. 调解协议书是在调解机构主持下，纠纷当事人依照法律、法规、规章、政策和交易规则、行业惯例等，在查清事实、分清责任的基础上，通过平等协商、互谅互让，对纠纷的解决自愿达成一致意见的意思表示。

2. 编号栏按照调解机构的相关规定填写。

3. 当事人栏应当列明纠纷的全部当事人，并按括号内要求事项详细填写。

4. 纠纷简要情况栏应当记明纠纷简要事实，争议事项及双方责任。

5. 协议栏应当载明各当事人的权利义务。

6. 履行协议的方式、地点、期限栏根据具体情况填写。

7. 调解协议书必须由纠纷各当事人签名或盖章，调解员签名，加盖调解机构印章，并明确填写日期。

四、仲裁申请书

申请人：

住所：	邮政编码：
电话：	传真：
法定代表人（负责人）：	职务：
住所：	邮政编码：
电话：	传真：

被申请人：

住所：	邮政编码：
电话：	传真：
法定代表人（负责人）：	职务：
住所：	邮政编码：
电话：	传真：

仲裁请求：

事实与理由：

此致

仲裁委员会（仲裁机构名称）

附证据：

申请人：
（印章）
年　月　日

五、答辩书

答辩人：
住所：　　　　　　　　　　　　　　邮政编码：
电话：　　　　　　　　　　　　　　传真：
法定代表人（负责人）：　　　　　　职务：
住所：　　　　　　　　　　　　　　邮政编码：
电话：　　　　　　　　　　　　　　传真：

答辩人就与＿＿＿＿＿＿＿＿＿＿＿＿＿＿＿＿＿＿＿＿之间的争议仲裁案（案件编号：　　　　　　　　）提出答辩意见如下：

此致

仲裁委员会（仲裁机构名称）

答辩人：（印章）

年　　月　　日

六、民事起诉状

原告：____（自然人应写明姓名、性别、民族、出生年月日、住所、身份证号码、联系电话；法人或其他组织应写明名称、住所地、组织机构代码）

法定代表人或负责人：____（应写明姓名、职务，仅适用于法人或其他组织）

委托代理人：____（应写明姓名、性别、民族、出生年月日、住所、身份证号码、联系电话；若是律师，应写明其姓名和所属的律师事务所、联系电话）

被告____（参照原告的写法）

诉讼请求：

事实和理由：

1.____（写明请求的理由，主要指本案的法律关系及法律上的因果关系等）

2.____（写明提供的证据）

3.____（写明请求的依据，主要指原告认为本案应当适用的法律依据等）

此致

人民法院

起诉人：（签名或盖章）

年　　月　　日

说明：

起诉状是公民、法人或其他组织作为民事原告在自己的合法权益受到侵害或者与他人发生争议后，为维护自己的合法权益，依据事实和法律，向人民法院提起诉讼，要求依法裁判时所提出的书面请求。

七、答辩状

答辩人：____（自然人应写明姓名、性别、民族、出生年月日、住所、身份证号码、联系电话；法人或其他组织应写明名称、住所地）

法定代表人或负责人：____（写明姓名、职务，仅适用于法人或其他组织）

委托代理人：____（写明姓名、性别、民族、出生年月日、住所、身份证号码、联系电话；若是律师，应写明其姓名和所属的律师事务所、联系电话）

答辩人的请求：____（包括反诉等）

答辩人就__________起诉状，答辩如下：

1\. ____（写明对请求理由的异议）

2. ____

____

______________________________（写明对提供的证据的异议）

3. ____

____

______________________________（写明对请求依据的异议）

此致

人民法院

答辩人：（签名或盖章）

年 月 日

说明：

答辩状是公民、法人或其他组织作为民事诉讼中的被告，收到原告的起诉状副本后，在答辩期内，针对原告在诉状中提出的事实、理由及诉讼请求，进行回答和辩驳时使用的文书。

八、民事上诉状

上诉人：

被上诉人：

上诉人因____________________一案，不服__________人民法院______年____月____日（　　）________字____号的民事判决或裁定，现提出上诉。

上诉请求：

上诉理由：

此致

人民法院

附：本上诉状副本____份

上诉人：（签名或盖章）

年　　月　　日

说明：

1. 上诉状是民事案件的当事人对地方各级人民法院作出的第一审民事判决或裁定不服，按照法定的程序和期限，向上一级人民法院提起上诉时使用的文书；

2. 上诉请求要写明具体诉讼请求，是要撤销原判，还是部分变更原判；

3. 上诉理由要针对原审判决、裁定论证不服的理由，主要是以下方面：（1）认定事实不清，主要证据不足；（2）原审确定性质不当；（3）适用实体法不当；（4）违反了法定程序。

九、撤回上诉状

申请人：

申请人因________________________一案，不服__________人民法院______年____月____日（　　）__________字第____号的民事判决（裁定），于____月____日向你院提起上诉。现因____特此申请撤回上诉，请予核准。

原在提起上诉时所附送的证据材料共____件请予发还。

此致

人民法院

申请人：（签名或盖章）

年　　月　　日

说明：

1. 撤回上诉状是公民、法人或者其他组织撤回上诉时使用的文书；

2. “现因”之后的空白处写明申请撤回上诉的理由。

十、再审申请书

申请再审人：____（自然人应写明姓名、性别、民族、出生年月日、住所、身份证号码、联系电话；法人或者其他组织应写明名称、住所地、组织机构代码，法定代表人或者主要负责人的姓名、职务、联系方式）

委托代理人：____（写明姓名、性别、民族、出生年月日、住所、身份证号码、联系电话；若是律师，应写明其姓名和所属的律师事务所、联系电话）

被申请人：____（自然人应写明姓名、性别、民族、出生年月日、住所、身份证号码、联系电话；法人或者其他组织应写明名称、住所地、组织机构代码，法定代表人或者主要负责人的姓名、职务、联系方式）

申请再审的事由：

申请再审人不服____________人民法院______年____月____日作出的已发生法律效力的（　　）________字第____号民事判决书（裁定书、调解书），根据《中华人民共和国民事诉讼法》第____条规定的____（写明应当再审的事由，多项事由应逐项列明），提出如下再审申请。

请求事项：____（写明：1. 要求撤销民

事判决书、裁定书、调解书的文号；2. 要求人民法院解决的具体请求事项；3. 要求诉讼费由被申请人承担）

事实与理由：____（写明主要根据事实、证据与法律，阐述生效判决或裁定认定事实错误，适用的法律、法规错误或不当以及判决结果明显不公的事实与理由）

此致

人民法院

申请再审人：（签名或盖章）

年　　月　　日

参考资料

一、政策法律部分

1.《中华人民共和国民法典》

2.《中华人民共和国期货和衍生品法》

3.《中华人民共和国人民调解法》

4.《中华人民共和国仲裁法》

5.《期货交易管理条例》

6.《国务院关于清理整顿各类交易场所切实防范金融风险的决定》

7.《最高人民法院关于审理期货纠纷案件若干问题的规定》

8.《最高人民法院关于审理涉及人民调解协议的民事案件的若干规定》

9. 最高人民法院关于适用《中华人民共和国仲裁法》若干问题的解释

10.《期货交易所管理办法》

11.《期货公司监督管理办法》

12.《期货公司期货交易咨询业务办法》

13.《证券期货投资者适当性管理办法》

14.《证券期货经营机构私募资产管理业务管理办法》

15.《期货市场客户开户管理规定》

16.《期货从业人员管理办法》

17.《中国证监会关于进一步加强期货公司信息技术管理工作的指导意见》

18.《中国证监会办公厅关于防范期货配资业务风险的通知》

19.《中国期货业协会会员自律公约》

20.《期货从业人员执业行为准则》

21.《期货经纪合同指引》

22.《期货公司风险管理公司业务试点指引》

23.《中国期货业协会调解规则》

24.《期货经营机构投资者适当性管理实施指引》

二、图书部分

1. 中国期货业协会编：《期货法律法规汇编》，中国财政经济出版社2018年版。

2. 中国期货业协会编：《期货市场教程》，中国财政经济出版社2013年版。

3. 中国证监会投资者保护局编：《〈证券期货交易者适当性管理办法〉手册》，2017年9月。

4. 杨志明主编：《劳动人事争议调解仲裁》，中国劳动社会保障出版社2012年版。

5. 全国人大常委会法工委民法室编：《中华人民共和国民事诉讼法》，中国法制出版社2021年版。

6. 中国国际贸易促进委员会，中国国际商会调解中心主持编写：《商事纠纷调解实务》，清华大学出版社2013年版。

7. 中国证监会行政处罚委编：《证券期货行政处罚案例解析（第二辑）》，法律出版社2019年版。

8. 郭文英主编：《纠纷调解案例评析（2019年）》，法律出版社2019年版。

三、网站部分

1. 中国证监会网站。
2. 中国投资者网。
3. 上海仲裁委员会网站。
4. 中国裁判文书网。

后　记

本书是《期货投资者保护丛书》之一，旨在向投资者介绍入市、交易、维权等环节的自我保护法律知识，为投资者参与期货交易提供指导和帮助。本书是从第一版修订而来，此次修订更新了法律法规、典型案例、市场数据等内容，使书中内容更加符合市场现状。在编写过程中，本书力求内容全面、准确权威、通俗易懂、紧扣实际。投资者在参与期货交易前，可以通过阅读本书对期货市场和期货交易进行初步了解，在交易过程中遇到疑问，也可以查阅本书相关部分，寻求答案。

本书由中国期货业协会组织编写，中国期货业协会赵雅楠承担具体的编写任务，中国证监会唐志华为本书的编写提出了宝贵的专业意见，中国财政经济出版社负责具体出版事宜。

在此，我们向第一版编写人员——运永恒、李赫、张君君、杜奔、孙会、李楠、韩越表示衷心感谢！向所有在本书编写和出版过程中付出辛勤劳动的朋友表示衷心感谢！由于本书编写时间较紧，如有疏漏之处，欢迎广大读者批评指正。

中国期货业协会

2022 年 10 月

中国期货业协会
China Futures Association

中国财经出版传媒集团
中国财政经济出版社

书单
FUTURES

一、系列

序号	系列
（一）	期货投资者教育系列丛书
（二）	金融衍生品系列丛书
（三）	中国期货业发展创新与风险管理研究
（四）	中国期货市场年鉴
（五）	“讲故事　学期货”金融国民教育丛书
（六）	全国期货从业人员资格考试参考用书
（七）	服务实体经济系列
（八）	期货投资者保护丛书
……	……

二、明细

（一）期货投资者教育系列丛书

序号	书名	书号
1	铜期货	978-7-5223-0293-5
2	精对苯二甲酸（PTA）期货	978-7-5223-1405-1
3	玉米	978-7-5095-3193-8
4	铝	978-7-5095-3181-5
5	小麦	978-7-5095-3183-9
6	锌	978-7-5095-3190-7
7	线型低密度聚乙烯（LLDPE）	978-7-5095-3184-6

续表

序号	书名	书号
8	早籼稻	978-7-5095-3076-4
9	棉花	978-7-5095-3033-7
10	燃料油	978-7-5095-3034-4
11	菜籽油	978-7-5095-2025-3
12	聚氯乙烯	978-7-5095-2592-0
13	棕榈油	978-7-5095-2589-0
14	黄金	978-7-5095-2532-6
15	白糖期货	978-7-5095-8814-7
16	豆类期货	978-7-5095-8815-4
17	焦炭	978-7-5095-4080-0
18	乙二醇期货	978-7-5223-1645-1
19	铅	978-7-5095-4086-2
20	鸡蛋期货	978-7-5095-5803-4
21	铁矿石期货	978-7-5095-5809-6
22	纤维板、胶合板期货	978-7-5095-5810-2
23	石油沥青期货	978-7-5095-5816-4
24	菜籽系期货	978-7-5095-5743-3
25	白银期货	978-7-5095-5955-0
26	玻璃期货	978-7-5095-5697-9
27	动力煤期货	978-7-5095-5802-7
28	稻谷期货	978-7-5095-5826-3
29	原油期货	978-7-5095-7708-0
30	苹果期货	978-7-5223-0455-7
31	花生期货	978-7-5223-0967-5
32	生猪期货	978-7-5223-0851-7
33	天然橡胶期货	978-7-5223-1184-5
34	钢材期货	978-7-5223-1175-3
35	甲醇期货	978-7-5223-1295-8
36	纸浆期货	978-7-5223-1277-4
……	……	……

（二）金融衍生品系列丛书

序号	书名	书号
1	股指期货（第二版）	978-7-5095-9432-2
2	场外衍生品（第二版）	978-7-5095-9596-1
3	国债期货（第二版）	978-7-5095-9601-2
4	金融期权（第二版）	978-7-5095-9598-5
5	外汇期货（第二版）	978-7-5095-9597-8
6	结构化产品（第二版）	978-7-5095-9600-5
7	金融衍生品习题集（第二版）	978-7-5095-9599-2

（三）中国期货业发展创新与风险管理研究

序号	书名	书号
1	中国期货业发展创新与风险管理研究（8）	978-7-5095-6907-8
2	中国期货业发展创新与风险管理研究（9）	978-7-5095-7523-9
3	中国期货业发展创新与风险管理研究（10）	978-7-5095-8144-5
4	中国期货业发展创新与风险管理研究（11）	978-7-5223-0213-3
5	中国期货业发展创新与风险管理研究（12）	978-7-5223-1483-9
……	……	……

（四）中国期货市场年鉴

序号	书名	书号
1	中国期货市场年鉴（2015年）	978-7-5095-6924-5
2	中国期货市场年鉴（2016年）	978-7-5095-7503-1
3	中国期货市场年鉴（2017年）	978-7-5095-8331-9
4	中国期货市场年鉴（2018年）	978-7-5095-9079-9
5	中国期货市场年鉴（2019年）	978-7-5095-9869-6
6	中国期货市场年鉴（2020年）	978-7-5223-0640-7
7	中国期货市场年鉴（2021年）	978-7-5223-1500-3
……	……	……

（五）“讲故事 学期货”金融国民教育丛书

序号	书名	书号
1	走进期货	978-7-5095-7095-1
2	如何进行期货交易	978-7-5095-7092-0
3	期货的套保和套利	978-7-5095-7093-7

续表

序号	书名	书号
4	期货交易中的“规矩”	978-7-5095-4355-9
5	金属期货	978-7-5095-7087-6
6	农产品期货	978-7-5095-7104-0
7	能化期货	978-7-5095-7088-3
8	金融期货	978-7-5095-7094-4
9	期权	978-7-5095-7217-7
10	场外衍生品	978-7-5095-7091-3

（六）全国期货从业人员资格考试参考用书

序号	书名	书号
1	期货及衍生品基础（第三版）	978-7-5223-1005-3
2	期货法律法规与职业道德	978-7-5223-0997-2
3	期货及衍生品分析与应用（第四版）	978-7-5223-0998-9

（七）服务实体经济系列

序号	书名	书号
1	期货行业主力复工复产案例集	978-7-5223-0168-6
2	期货服务实体经济案例集	978-7-5095-8029-5
……	……	……

（八）期货投资者保护丛书

序号	书名	书号
1	期海导航——期货投资常识与基础知识	978-7-5223-1045-9
2	期海护航——期货交易者合法权益保护	978-7-5223-1531-7

咨询电话：010-88190912

咨询邮箱：jiayanping@cfemg.cn